爱星满天

赵璐玫与北京市海淀区实验小学

赵璐玫 等◎著

北京师范大学出版集团
BEIJING NORMAL UNIVERSITY PUBLISHING GROUP
北京师范大学出版社

图书在版编目（CIP）数据

爱星满天：赵璐玫与北京市海淀区实验小学 / 赵璐玫等著．—北京：北京师范大学出版社，2017.10
（海淀教育名校名家丛书）
ISBN 978-7-303-22837-9

Ⅰ．①爱…　Ⅱ．①赵…　Ⅲ．①小学－学校管理－经验－海淀区
Ⅳ．①G627

中国版本图书馆 CIP 数据核字（2017）第 222098 号

营销中心电话　010-58802181　58802123
北师大出版社高等教育教材网　http://gaojiao.bnup.com
电子信箱　gaojiao@bnupg.com

出版发行：北京师范大学出版社 www.bnupg.com
北京市海淀区新街口外大街 19 号
邮政编码：100875
印　　刷：天津市宝文印务有限公司
经　　销：全国新华书店
开　　本：787 mm×1092 mm 1/16
印　　张：16.5
字　　数：240 千字
版　　次：2017 年 10 月第 1 版
印　　次：2017 年 10 月第 1 次印刷
定　　价：50.00 元

策划编辑：路　娜　　责任编辑：马力敏　李会静
美术编辑：焦　丽　　装帧设计：北京轻舟成志教育科技有限公司
责任校对：陈　民　　责任印制：陈　涛

成长中的教育家

顾明远题

海淀教育名校名家丛书

本册作者：赵璐玫　等

总 序

《国家中长期教育改革和发展规划纲要（2010—2020年）》中明确提出：“鼓励教师和校长在实践中大胆探索，创新教育思想、教育模式和教育方法，形成教学特色和办学风格，造就一批教育家，倡导教育家办学。大力表彰和宣传模范教师的先进事迹。”

为贯彻实施党的十八大精神，“办让人民满意的教育”，更好总结、积淀、提升海淀区名校名家办学的先进理念，北京市海淀区教育工委，北京师范大学出版社以海淀区名校、名校长教育教学改革成果及教育管理理念为基础，精心建设海淀区“名校名家”精品文库，就是现在呈现于读者眼前的这套《海淀教育名校名家丛书》。

这些学校，有的是著名大学的附属学校，有的是从延安过来的有着光荣革命传统的学校。但学校不是有一个什么名分就能成为名校的，这些名校有着悠久的历史传统，在历任校长、师生的共同耕耘下，办出特色、办出成绩，创造了新鲜的经验，在全国乃至国际上享有良好声誉，这才成为现在所谓的名校。在创造名校的过程中，校长无疑起到不可替代的作用。作为优秀校长，他们用先进理念和管理才能，带领全校教师，为一个共同愿景而努力。本套丛书正是聚焦这样一批名校长，近距离观察他们是如何在教育海洋中破浪前进的。

这些校长个性迥异、各有经历，办学思路也不尽相同，但共同的是在各自的学校创造了一段教育的传奇。他们是所在名校的灵魂，他们的言传身教，时时刻刻引领着教师和学生的发展。这些校长共有的特质是专业知识扎实，具有深厚的人文底蕴。他们具有灼热的教育情怀和教育激情；他们富有童心并热爱儿童；他们淡泊明志、宁静致远，以教书育人来体现他们的人生价值。

这套丛书并没有展现波澜壮阔的历史、恢宏博大的叙事，也没有解读深奥莫测的理论、长篇累牍的范例，而是讲述这些名校长们在日常管理和教学方面的一件件小事，通过短篇故事形式，娓娓道来，让读者去品味和欣赏。

在这套丛书里，我还看到了海淀教育趋于成形的大器，海淀教育秉承“红色传统、金色品牌、绿色发展”的三色理念，坚持党的教育方针，以优秀传统为基础，以现代教育观念为先导，引领时代风气之先，坚持鲜明的价值追求，增强改革创新的意识，提升可持续发展的能力，从而涌现出一批各具特色的教育品牌。

解读海淀教育，形成海淀教育大印象，让海淀基础教育名校名家载入中国教育发展的史册。

是为序。

2014 年 3 月 27 日

自 序

教育家苏霍姆林斯基说过：“没有爱，就没有教育。”爱，让教育灵动，让教师生涯璀璨，让孩子生命闪亮，让更多人的精神趋于纯粹，灵魂得到涤荡。什么叫爱的教育？就是用广博深沉的仁爱之心去关爱呵护每一个学生，用心发现每一个独特生命的与众不同。正如我很喜欢的一篇文章中所说的那样：“每个孩子都是一颗花的种子，只不过每个人的花期不同。有的花，一开始就会很灿烂地绽放；有的花，需要漫长的等待。不要看着别人怒放了，自己的那颗还没有动静就着急。相信每一朵花，都有自己的花期。细心地呵护自己的花，慢慢地看着它长大，陪着它沐浴阳光雨露，这何尝不是一种幸福。相信孩子，静待花开。”每个孩子的成长都是自然且独特的，我们要学会将深沉的爱化为耐心而温暖的守候，放低期许，放慢脚步，陪孩子度过美好的童年时光，直到他花期来临，似锦绽放……这就是爱，就是教育的本原。

为了追寻教育的本原，从20世纪60年代建校伊始，历任校长带领全体教师潜心治学，无私奉献，始终把握时代脉搏，与国家发展同步，与立德树人共进，走出了一条越来越宽广的素质教育之路。这几十年间，教师们那种自然的、发自内心的对学生的爱，那种平等待人、博爱众生、尊重个性、因材施教、中和宽让的人文精神，无疑成了学校发展前进的催化剂。正是这种爱的育人情怀，让今天的北京市海淀实验小学，在“守真、从善、修美”的价值理念的引领下，在全面贯彻素质教育的过程中，把立德树人作为学校根本任务，坚持“求真务实、育人为本、着眼未来”的办学思想，努力让师生保全真的性情，遵从善的原则，修习美的品行，为他们的幸福人生奠基。同时，学校还立足师生人本，追求教育幸福，促进和谐发展，并在实践中不断发展和创新。今天摆在大家面前的这本《爱星满天》，是一部科学、系统和全面解读海淀实验小学如何传承爱的本真、诠释爱的真谛、续写爱的传奇的教育文集，是学校一路前行走过的一条由思想到行动，由行动到成功的思索、改革、成长之路，是一段教育改革发展进程中镞砺括羽的宝贵经历。

学校发展过程中的那些人、那些事，让我的内心充满了感动和自豪。作为一名有着 30 年教龄的教育工作者，能与这所伴随新中国成长的学校结缘，是我人生中最大的幸福。可以说，这所学校见证了我的青春，见证了我的成长。这里，是我实现教育理想的沃土；这里，是我和师生们共同的家园……这本《爱星满天》，记录了我对教育的理解与感悟，记录了我作为老师、作为校长，与全体教职员工精心育人、实现梦想的心路历程，更记录了海淀实验人对教育的赤诚之爱。在教育的浩瀚长空中，我始终坚信，只要我们用爱去润泽每一个孩子的心灵，用爱去呵护每一个生命的成长，星光璀璨的美景将永驻教育的天空。

这是一本关于“故事”的书，有自己的故事，也有他人的故事；有教育的故事，也有生活的故事；有古人的哲理寓言故事，也有正在发生的故事，希望这些故事能带您走进一个关于爱的美好世界。为了让本书更加生动充实，我们采访了部分教师，并将他们的话语编辑在本书的各个章节，因此您听到的是许多声音的“共鸣”，而不是“独奏”。希望这些来自一线的“声音”能给您带来惊喜，让您从中聆听到海淀实验人爱的箴言，与我们一同感受教书育人的快乐与幸福，体味到其中“穷而弥坚，不坠青云之志”的淡泊，“学而不厌，诲人不倦”的勤勉，“路漫漫其修远兮，吾将上下而求索”的执着……

谨以此书，与大家共勉！

目录 爱星满天

赵璐玫与北京市海淀区实验小学

第一章

传承爱的本真

爱，是教育的永恒主题。教育，不仅要教授知识、培养能力，还要涵养美德、陶冶情感、塑造人格。正如“新语文教育”代表人物韩军说的那样，教师应立于脚下土地，立于人类博爱，立于深厚的文化积淀，教育应回归真实、善良、自由个性的本真。教育返璞归真的根本在于——传承爱的本真。

历史的闸门打开，曾经的花园村小学从岁月深处款款而来。艰苦创业、不断探索和创新发展的历程，凝聚了历代实验人对爱的本真的追寻，并化作了无穷的精神源泉，激励今人、泽被后世。

“殷殷实验情，谆谆师者心。”如今，赵璐玫以“如玉情怀，润泽教育”的温情，以充满爱与智慧的心，为教育插上腾飞的翅膀、为学校灌入滋润的甘霖。爱的种子、教育的本真，从这里开始播撒、传播……

/ 一 / 心有大爱

一所有爱的学校，才有教育的风华、幸福与担当。从 1965 年至今，北京市海淀区实验小学（以下简称海淀实验小学）历经岁月的洗礼倾情谱写爱的育人华章，以铿锵有力的步伐坚定从容地走过了半个世纪的风雨历程。历经时光荏苒、岁月变迁，她依然坚守着育人的本质，秉承着育人的使命，追求着育人的价值。回眸海淀实验小学的发展，实验人心有大爱、同心同德、兢兢业业、求实创新，奉献祖国教育事业的赤子丹心已化为碧玉，沉淀在育人丰碑的基石上！

这里，是海淀实验小学；这里，心有大爱……

用爱托起明天的太阳

有一种风景最为隽永，那就是爱；有一首歌最为动人，那就是爱；有一种人生最为美丽，那就是爱。五十载峥嵘岁月，海淀实验人用爱播撒智慧、点亮希望，用爱托起明天的太阳！

五十多年前的中国，百废待兴、蓄势待发。1965 年 1 月 4 日，庄严的人民大会堂里响起周恩来总理沉着坚定的声音："在不太长的历史时期内，把我国建设成为一个具有现代农业、现代工业、现代国防和现代科学技术的社会主义强国。"在"四个"现代化的号召下，海淀实验小学的前身——"花园村小学"诞生了。

建校初期，花园村小学仅有教学班 18 个，教职工 38 人，学生 720 余人，占地面积 7337 平方米，是一所地地道道的"小学"。时至今日，我们仅能凭借几张发黄的老照片和年迈老教师的讲述来探寻这所学校的最初面貌。

"我呀，是陪着这所小学成长起来的，青春岁月全在这儿了……"

"花园村小学刚建起来的时候，只有一座小平房、一片大荒地……"

在那个艰苦创业的年代，教师们全身心地投入到党的教育事业中去，"为了祖国的建设，一定要办好这所小学！"教师与学生一起学习、一起劳动。凭着一股子干劲儿，教师们带领学生从甘家口往学校运桌椅，全体师生一起平操场，装土的桶不够用，教师们贡献出袋子，学生们拿出书包……"那个时候，我们心齐劲儿足，谁也不怕吃苦受累，一心只想把工作做好。"退休多年的杨老师回忆起那段岁月，语气中满是激动与自豪。

张老师想起当年那个爱拼、敢拼的自己，忍不住笑了："那时候下班哪有准点儿，7 点走，8 点走，9 点走，10 点走，都有。一加起班来，谁还记得时间呀。我常跟我儿子说，等我老年痴呆了，就给我一支笔、一本练习册，我就哪儿也不去，老老实实地坐那儿打钩判作业。你们谁也不用担心！"玩笑的话语里满是暖人的教育情怀。

1976 年初夏，正值毕业班小升初考试，学校突然停电，教师们便点起蜡烛给学生上课，跳跃的烛光点亮了学生前行的路。1989 年冬天，格外的冷，为了不让学生受冻，教师们轮流照看教室的炉子，留下了永远温暖的记忆。那时候，没有打印机、复印机，教师们自己刻钢板，一张一张地印卷子。为了活跃学生的课余生活，花园村小学开展游园会活动，没有资金支持，教师们就捡树籽换钱、换布，亲手给学生缝制演出服……教师们用行动诠释了何谓敬业、奉献、爱生如子。

时光飞逝，岁月不居，这种美好的精神与愿望代代传承。进入改革开放大潮涌动的年代，花园村小学教育教学质量不断提高。1990 年，经北京市教育局批准，学校正式更名为海淀区实验小学。教师们欢欣鼓舞，工作的劲头更足了。刘老师接手新班，暑假期间就开始一户一户地家访，了解学生情况，一开学就能准确地叫出全班学生的名字，有针对性地进行教学；漫漫冬夜，上了一天课的郭老师还裹着厚厚的被子改试卷，为的是第二天能及时给学生讲评；着凉发烧的金老师兜里揣着药打算到学校再吃，谁承想一到校门口就被家长拉着说话，到办公室放了包就给学生上自习，自习完了还得看着学生做操，接着就给学生上课，等上完课抬头一看，该吃午饭了，才猛然想起药还放在包里呢；为了给学生准备“六一”儿童节的礼物，吴老师埋头用白绒布做小兔子、小鸭子，一做就是好几天，累得连手都抬不起来……那时候的赵璐玫还只是个年轻的小老师，也胸怀着同样的教育热情，忘我地投入工作中去。当时赵璐玫班上有个“问题学生”，父母离异，家中只有爷爷奶奶，赵璐玫就把这个学生当成自己的孩子来照顾。那时候一周只有一个休息日，赵璐玫顾不得平日加班的疲累，还利用休息的时间给学生们补习知识漏洞。为了学生的明天而努力，这是海淀实验小学教师们共同的心声。

“水晶帘动微风起，满架蔷薇一院香。”教育是根植于善与爱的，海淀实验小学的教师们便是爱的化身，塑造了高尚与伟大的师魂，影响着一颗颗稚嫩、单纯的心灵。在海淀实验小学，教师们弯下腰、俯下身为学生搭建了一座座通往成功与幸福的桥梁，培养了一批批社会主义合格人才。

回首海淀实验小学的育人史诗，感受到的是每一位教师高洁的爱、恢宏的德。海淀实验小学的教师们明白：那间教室里放飞的是希望，守巢的是自己；那块黑板上写下的是真理，擦去的是功利；那根粉笔画出的是彩虹，流下的是汗水……为了一切学生，为了学生的一切，他们甘为人梯，用青春和生命谱写无怨无悔的教育人生，在知识殿堂、育人舞台中熠熠生辉。

你一路走来……

光阴荏苒，岁月更迭之间，海淀实验小学已步履铿锵地走过了半个多世纪的风雨。一路走来，这所富有生机与活力、充满激情与梦想的学校，用爱的甘霖和阳光孕育桃李、滋兰树蕙，在海淀教育的百花园中呈现出了一番动人的景致。

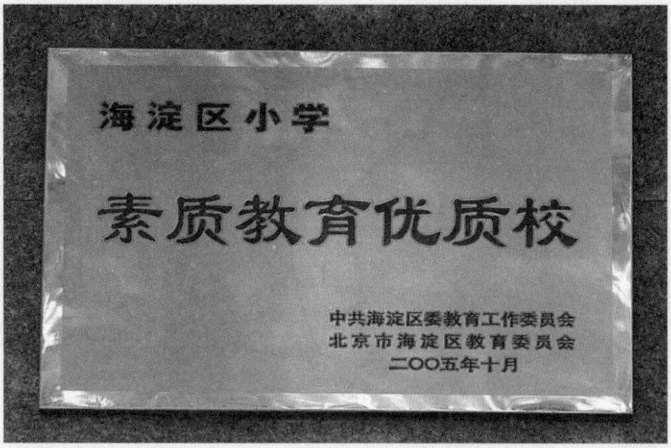

在无疆大爱的代代传承与兴学育才的不懈追求下，海淀实验小学一直在笃志前行，走过了建校初期的探索阶段，走过了改革开放的爬坡阶段，到了世纪交替进入蓬勃上升期，风雨兼程地走过了五十余年的办学历程，目前已发展成为海淀区的一所优质名校。

回首拼搏路，花香满径来。正如一名校友为海淀实验小学校庆45周年所撰写的文章《你一路走来》所说的那样：

45年前，你如一个婴儿呱呱落地，在那片不起眼的田边踏上征程。你是那样平实，那样朴素。可是，坚韧的性格，崇高的理想，让你在艰苦的岁月中，谱写着动人的乐章。你一路走来，闪耀着开创者奋发进取的光芒。45年间，你一步一步向今天走来，一批批风华正茂的青年，扎根在这里，用挚爱让党的教育事业充满了暖意。蓦然间，他们已满头银发。可回首来时路，那里已铺满鲜花。你一路走来，你是一辈辈实验人无私奉献的天地啊！风风雨雨几十载，踏踏实实几辈人。在你的怀抱中，实验人付出着，创造着，拼搏着，收获着……汗水浸润这里的土地，书香熏陶这里的院墙，笑脸温暖着一代代学生，身影感动着一位位家长。你一路走来，点燃了多少祖国的希望啊！你一步步慢慢走来，你一日日蓬勃多彩。一座座教学楼拔地而起，三个校区各自展现独特的魅力。体育综合楼的落成，让孩子们的活动，从此不惧风雨。红领巾电视台播放的，是孩子们自创的专题。科技楼激荡着孩子们探索的欲望，求知的目光。你一路走来，帮学生拓宽了视野，锻炼了能力，你是他们成长路上最无私的伴侣。你一步步微笑走来，你一天天绽放光彩。经典在这里传承，金帆从这里扬起，空竹、铁环成了孩子们最爱的游戏；研究、辩论把老师们的心连在了一起。国学的智慧陶冶情操，艺术的香气沁人心脾，民族传统发扬光大，小课题研究扎实推进。你一路走来，凝聚着一个团结智慧的集体。你阔步走来，铸就精彩。你获得了首批海淀区素质教育优质校的荣誉，你被社会誉为北京市办学水平最高的十佳小学之一，你是影响北京教育的常青树，你把对祖国教育事业深深的爱，烙印在老师们“俯首甘为孺子牛”的可敬姿态中，更烙印在孩子们天真烂漫的笑靥里。你一路走来，你放手在爱。你以宽大的臂膀，为实验小学的教师搭建起宽广的舞台，你以几十载实验精神的传承，为教师们架起进步的桥，汇聚成长的海……你一路走来，在振兴中华的漫漫长路上，脚踏实地，继往开来。

在教育这项灵魂工程中，独善其身是本分，兼济天下更体现出大爱无声。面对当前人们对优质教育不断增长的需求，赵璐玫感到了重任在肩：“我们不仅要‘独善其身’，更要‘兼济天下’，承担起一所大校应尽的社会责任。”随着教育形势的不断发展变化，促进区域教育资源合理统筹、均衡配置和共建共享是当前教育改革发展的必然趋势。作为一所大校的领导者，赵璐玫审时

度势，主动适应教育改革新常态，积极投身学区制改革，充分发挥优质校的辐射引领作用，为推动区域教育优质均衡发展贡献着宝贵的力量。

爱的传承，代代不绝。这些年来，海淀实验小学一直在不断地将那份深沉的大爱洒向海淀教育这片沃土：1995 年 4 月合并阜成路学校小学部；2002 年 7 月合并紫竹院小学；2004 年 7 月合并苏州街小学；2015 年合并北洼路小学，并在丰台建立分校；2015 年，为了积极响应国家的教育发展战略，海淀实验小学又与天津市河西区平山道小学、石家庄市桥西区西雅小学、唐山市路南区万达小学结为“京津冀一体化”协同发展学校。从建校初期只有 18 个教学班，38 名教职工，720 余名学生，占地面积 7337 平方米，到现在发展成为一校四址，教职工三百多名，学生近六千人的大校，海淀实验小学书写了一段兴校立教的佳话。

如今，海淀实验小学的各个校区在管理体制、教育教学、资源设施、师资建设等各个方面都实行统一管理、融通共享，以促进四校区齐头并进，走上同步、优质、均衡发展之路，实现了高度的和谐统一。在多址办学实践中，海淀实验小学不仅要求“形的统一”，更追求“神的融合”。在赵璐玫看来，集团化办学不是简单的名校复制，而是通过“母体”产生强大的原动力，辐射带动“子校区”共同发展前进。“教师还是原来的教师，学生还是原来的学生，不同的办学理念、不同的文化引领、不同的管理要求，其结果就是不一样啊！”在谈到合并入校带来的变化时，许多教师、学生和家长由衷地发出这样的感慨。对于集团化办学，赵璐玫有着很深的思考，她认为，海淀实验小学的发展壮大不是“摊大饼”，也不是“一杯牛奶稀释成三杯”，更不是“1+1”的简单叠加，而是互助互惠“大于2”的共同进步，是一个共建、共享和共赢的动态过程。各校区在海淀实验小学这片沃土中，通过吸取“营养素”，找到“生长点”，扎根、发芽、开花和结果，为学校的高位发展奠定了坚实的基础。

赵璐玫常说：“从社会责任讲，教育均衡首先是政府责任和政府行为，但作为优质大校的领导者，应该有自觉的使命感和广博的教育情怀，勇作推动区域教育均衡发展的排头兵。”这是一种将分享与奉献作为天然使命的教育自觉，是一种将开放与包容纳入广阔心胸的教育情怀，更是一种将兴教育人视为终极价值的教育境界。

“阳春布德泽，万物生光辉。”多年来，海淀实验小学通过对教育事业优质均衡发展孜孜不倦的探索与推动，用大爱谱写了一首首动人的春晖之歌！

听，校园里响起了这首活泼明快、振奋激昂的校歌《我们的名字叫实验》，在一串串稚嫩清脆的童声中，让人听到了春天里希望拔节的声音——

一群好少年，走近西三环，
一双双小手，开始绣明天。
多么阳光，多么灿烂，
我们的名字叫实验。

一个课题，一种点燃，
一串铃声，一阵召唤。

爱老师，爱课堂，光阴似箭，
我们的梦想最斑斓。

一条红领巾，飘过新学年，
每一个清晨，都是新起点。
多么玲珑，多么温暖，
我们的名字叫实验。

一滴汗水，一朵花瓣，
一门功课，一叶金帆。
爱真诚，爱从善，大美无边，
我们永远是春天。

/ 二 / 爱心满园

时间回到 1992 年，随着花园村小学的改名，海淀实验小学也迎来了真正的“实验”春天。通过对素质教育孜孜不倦的探索与实践，海淀实验小学使立德树人不见人工斧凿堆砌之痕，而见自然纯真、润物无声的大善之美。

春暖花开

“如果你渴求一滴水，我愿意倾其一片海；如果你要摘一片红叶，我给你整个枫林和云彩；如果你要一个微笑，我敞开火热的胸怀；如果你需要有人同行，我陪你走到未来。”这首《春暖花开》的歌词，在这里用来形容赵璐玫再合适不过。三十多年教育生涯，赵璐玫完成了从语文老师、班主任、德育主任、副校长到校长的角色转换，这一路上鸟语阵阵，春暖花开。

龙应台在《亲爱的安德烈》中写道：“我只能让你跌倒，看着你跌倒，只能希望你会在跌倒的地方爬起来，希望阳光照过来，照亮你藏着忧伤的心，照亮你眼前看不见尽头的路。”这本由母子俩的三十六封书信完成的书，完美地阐释了一位母亲的文化修养与育人智慧，字里行间自然流露出对孩子深沉宽厚的爱。同样，赵璐玫也以书信搭建起了与儿子壮壮情感交流的桥梁，

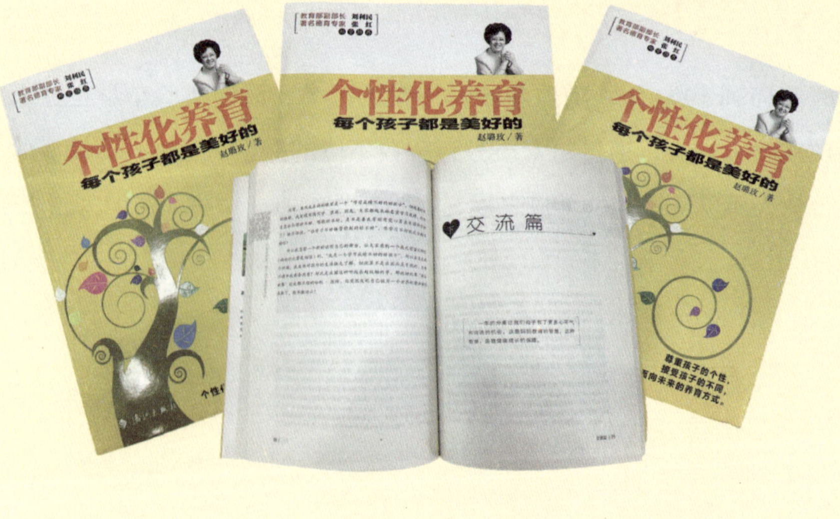

并在这些书信中追寻着壮壮成长的轨迹，集结成册出版了《个性化养育：每个孩子都是美好的》一书，她将这份温柔而深沉的爱化作了温暖的守候，守候着她的“孩子们”。

“青春会逝去，爱情会枯萎，友谊的绿叶也会凋零。而一个母亲内心的希望比它们都要长久。”爱是人世间最纯粹美好的情感，而母亲天然拥有爱的本能。从乳儿呱呱坠地的那一刻起，最纯粹美好的情感就充盈母亲的心房。赵璐玫说：“在我的生命历程中，有两件事从来没有后悔过，这就是为人师和为人母。为人师，让我感到自己生命的价值，我通过教书来育人；为人母，让我找到了育人的途径，那就是满腔的爱心。”母亲本能的爱是深沉的却也会狭隘。母亲的眼睛里只有自己的孩子。但教师这个职业，自然地将爱无限扩大，她把爱投向了海淀实验小学的孩子们。可以说，赵璐玫不仅仅是一位成功的母亲，更是一位对教育事业拥有赤诚之心和眷恋之情的东方知识女性。赵璐玫和她的教育团队行走在爱星满天的路上，犹如一部荡气回肠的书卷，用心品读，每个字、每句话都向我们昭示着教育工作者在那流金岁月里对教育信仰的坚定守护，给我们解读着用生命演绎教育人生的激情、智慧和力量。

春去秋来，寒来暑往，海淀实验小学见证了赵璐玫的青春与成长，见证了一个教师从青涩走向成熟的过程，也见证了一个教师从三尺讲台走上管理岗位的历史和今天。在这条开满鲜花、春意盎然的教育之路上，赵璐玫孕育桃李万千，或许她已经记不得自己自然流露的一言一行如何在孩子们幼年的时光里留下旖旎的风景，但她的故事孩子们记得。

一个鸟鸣啾啾、浓荫铺满校园的午后，一封来自学校公共邮箱里的邮件，让赵璐玫的思绪一下回到了那个做班主任的年代，流淌出一段感人至深的师生情谊。这是海淀实验小学 1994 届毕业生戴同学的一封来信。作为二十多年前赵璐玫班上一名普通的小学生，她至今难以忘怀曾经的班主任所给予的师爱与温暖，一直想向赵璐玫表达自己的感激之情，但是苦于没有联系方式，只好抱着一丝希望，通过学校的公共邮箱寻找那位“胸前挂着一条长长的珍珠项链，干净、亲切、声音悦耳”的赵老师。

当赵璐玫静静地阅读这封来自岁月深处的信函，记忆的闸门如同春日冰消雪融后的流泉淙淙……

赵老师：

您好！

我是1994年从实验小学毕业的学生，1994年您是六年级6班的班主任，您从五年级开始带我们班。6班，是一个从二年级开始就让很多老师头疼的班级。这个班的同学头脑聪明，但是非常淘气，有位老师曾用“一盘散沙”来形容6班，所以没有几位老师愿意给6班当班主任。然而，您的出现使当时的6班风气一下子好了起来，您教语文，张英老师教数学，同学们都开始认真听讲，学习成绩好了起来。

那个时候的您非常年轻、漂亮。在我的印象中，您总穿一身连衣裙，胸前挂着一条长长的珍珠项链，干净、亲切，声音悦耳。

17年过去了，您带了无数的学生，肯定已经记不起我这个给您写信的学生是谁了，但是我却永远忘不掉您！

记得我刚刚来月经的时候，战战兢兢地不想去做操，您把我留在教室里让我帮您抄卷子；记得您因为我们总去师院的防空洞胡闹对我们发脾气，因为担心我们的安全；记得您跟我们说，您知道我们私底下议论男孩儿和女孩儿的那点儿小心思；记得全班去看节目，您让您的儿子壮壮把他的糖分给我们吃……

最让我忘不掉的是，虽然我平时的学习成绩还可以，但是六年级考试失误了，被“大波”轰到了自己不喜欢的学校，领录取通知书的那天我不想见到同学而故意晚去，但是您一直在办公室里等着，当时我的爷爷陪着我，您对他说我是一个素质很高的孩子，别气馁，在哪里都可以学得出色。您的这句话我从未忘记，那是我人生第一次有了挫败感之后听到的最受鼓励的一句话，因为它来自我敬爱的老师。

在不太满意的初中里，我一直努力学习，学习成绩一直是年级前10名，后来我考上了理工大附中，考上了北师大，读了研究生，现在已经工作、结婚，刚刚有了女儿。

最近翻看毕业照，特别想念我们的学校，于是就在网上看学校的近况。原谅学生只在毕业之后去探望过您一次，不是不想念，只是觉得您太忙，也只是觉得自己不过是您众多学生中的普通一位。但是看到学校信箱之后再也按捺不住想给您写信的冲动，于是提笔写信给您。

不知道我的这封邮件您是否能够读到，但是无论如何，就算独自倾诉也好，写信给您，老师，想您！

祝您身体健康！

祝您工作顺利！

1994级学生 戴XX

岁月易逝，真情难泯，无论咫尺，抑或天涯，师恩如山，镌刻心底。深深浅浅的记忆中，散发着浓醇的芬芳，飘逸着淡雅的清香，洒满了青涩的岁月；一段如歌的往事，一脉师生的情谊，竟然温暖了一个孩子二十余年的美好青春。这执着的追寻和深切的怀念是一份经历岁月风雨不变的感激，是一段穿越漫漫时光的永恒情谊。

当再次见到曾经在赵璐玫的怀抱里欢笑过、痛苦过的戴同学时，岁月虽然已经悄然改变了师生双方的容貌，但是那份师生间的脉脉深情却愈加丰盈醇厚。“鸟儿遇到风雨，躲到巢里；我心上有风雨袭来，总是躲在您的怀里。我的老师，您是我遮雨的伞，挡风的墙。老师，我生命的火花里闪耀着一个您。”追昔抚今，赵璐玫再次回想起毕业班的学生们真挚的临别赠言，让她的心久久不能平静。

面向学生，春暖花开。赵璐玫知道，从事教育三十多年的时间里，虽然没有做过多伟大的事情，但是就是在这样夜以继日的教书育人中，收获了成长，收获了感动。作为教师，她需要每天面对学生，面对学生对知识的渴望、

情感的依赖，也许会觉得疲惫不堪而难当重任。作为母亲，日日面对着孩子生活的需求，有时候也会感觉力不从心。但两者交融在一起时，就产生了奇妙的化学反应。从家庭走进校园，面对着不同个性、不同年龄的孩子，赵璐玫仿佛看到了自己儿子成长的影子，她以母亲的大爱包容着每一个孩子。而从校园走进家门，教师理性冷静、导人向善的职业习惯又会不自觉地影响着自己的家教方式，从不同的角度来思考问题。被人需要，是人的价值所在，也是一份甜蜜的“负担”。因为有了孩子，才明白这份被需要的甜蜜。作为教师，身边永远围着没长大的孩子，每天都在被孩子需要和依恋，这种爱反作用于自己的时候，对学生的爱也就自然流淌在眉梢眼角，对职业的热爱就会充盈着内心，人生就格外丰满幸福！

诗人汪国真说：“既然选择了远方，便只顾风雨兼程。”人民教师说：“既然选择了教育，便心向淡泊，甘愿平凡。”有了崇高的教育理想，有了厚重的师德导航，教师在纷扰躁动的世界里，永远有一份悠然自在的纯真与恬淡。这就是一名教师心中的大爱。爱，无须言语，何用修饰，三尺讲台，是他们一生坚守的阵地。爱，一个微笑，一个拥抱，让甘为人梯的人生充满无穷的诗意。爱，桃园斗蕊，李园沁香，任青丝变白发，任红颜成珠黄，陶醉其中，无怨无悔。时光流转，逝去芳华，吐丝燃炬，秋冬春夏，赵璐玫和她的师生们用生命成就了一段段令人感动的佳话。这是教育的本真，是教育的灵魂！“疼爱自己的孩子是本能，而爱别人的孩子是神圣！”这种神圣的大爱，是我们的教师之魂。无条件地爱每一位学生，这应该成为海淀实验小学教师们教育教学的灵魂，细心、耐心、恒心和责任心，无不昭示着教师的爱心。赵璐玫在教师节送给老师们的祝福就是：选择了教师这个职业就选择了爱，也一定会收获满满的幸福。

《寻找赵老师》这封电子邮件只是学校发展过程中的一个小小插曲，虽微不足道，但深刻折射出了海淀实验人爱的精髓。

馨香满怀

不同的孩子，他们所擅长的领域可能各不相同，他们的发展速度也有快有慢。所以，教育应该尊重孩子的个性，顺应自然、因材施教，按照孩子自有的心灵形态去指导他们，这样才能更好地促进孩子的发展与成长。

赵璐玫对于个性化养育有着自己独到的见解与方法。她经常告诉老师们：“每个孩子都是一颗花的种子，只不过每个人的花期不同。有的花，一开始就会很灿烂地绽放；有的花，需要漫长的等待。不要看着别人怒放了，自己的那颗还没有动静就着急。相信每一朵花，都有自己的花期。细心地呵护自己的花，慢慢地看着它长大，陪着它沐浴阳光雨露，这何尝不是一种幸福。相信孩子，静待花开。”因为孩子之间没有可比性，所以教育也该是因人而异的，教育的经验可以借鉴、可以参照，但绝对不能照搬，也不能复制。

针对不同的孩子，教师应该采用不同的教育方式，使用不同的教育手段，尊重孩子的特点，因势利导、因材施教、有教无类，这样才能达到教而化之的目的。对此，赵璐玫并不仅仅是停留在感性的层面上，而是从学校教育发展的角度优化出了一套科学、合理、灵活、完备的课程体系——通过对体育、科学、国学、音乐、美术等多样化、特色化校本课程地开发与实施，满足学生个性化发展需求，促进学生全面、主动、健康地发展。也正是因为教师们怀揣着“个性化养育”的教育理念，海淀实验小学才能建立起以“民主平等、尊师爱生、和谐相融、教学相长、共创共乐”为特色的新型师生关系。

在担任班主任期间，赵璐玫班上有一位名叫小荷（本书中学生姓名均为化名）的女孩，她看问题往往比较偏激，爱钻“死胡同”。她用词之激烈让大家咋舌：“绝不会……”“不可能……”“一定……”。作为班主任的赵璐玫，尝试着引导她用辩证的思维看问题。但小荷口头上表示认可，却始终没有往心里去。于是，赵璐玫停止了无意义的言语说教，用最平常的交流与观察来探索孩子的内心世界。换句话说，就是不再尝试着强行去改变她，而是从认识她、理解她做起。通过接触和观察，赵璐玫发现小荷有个很大的优点——喜爱读书和写作。她的文章布局巧妙，文笔清新。于是，赵璐玫决定抓住小荷的特点进行个性化引导。赵璐玫利用业余时间指点小荷写作，在帮助她表情达意、布局谋篇的同时，带领她通过写作的方式表达健康向上的思想。例如，对于小荷创作的散文《小草》，赵璐玫不仅在写法方面提出建议与指导，还特别对文中“小草”的精神大加赞扬。提笔写下这样的点评：“小草以它柔弱的身躯与风雨搏斗，这种与命运抗争的精神多么令人敬佩！小草在萧瑟肃杀的秋风中跳起华尔兹，那乐观开朗的性格多么值得赞美……”后来，这篇散文被刊登在《中国少年报》上。看到自己的习作变成铅字，小荷乐不可支，赵璐玫又急忙抓住时机鼓励她学习小草的勇敢精神，并郑重地说：“人们常讲‘文如其人’，为了纪念，更为了自勉，以后你的笔名就叫‘小草’吧！”小荷激动得满面通红，认真地点点头。期间，赵璐玫又多次找她谈心，正面引导她既要勤于思考，又要心胸开阔，还把《红岩》《钢铁是怎样炼成的》等书籍推荐给她阅读。当小荷的作文多次在市区乃至全国比赛中获奖时，当她作为优秀学生被推荐进入重点中学时，人们同时也感受到了当年“遥看近却无”的春草终于展现出“野火烧不尽，春风吹又生”的坚韧气韵。

像小荷这样在个性化呵护中健康成长的学生还有很多，赵璐玫珍藏了许多由家长、学生写给她的小卡片，这些或千言万语，或片言只字的卡片，记录了许多类似的故事，承载着学生、家长对赵璐玫的不尽深情。赵璐玫也曾结合自己的育儿经历在家长会上告诉家长们：“每个孩子的成长都是自然而独

特的，父母要学会将深沉的爱化为耐心而温暖的守候，放低期许、放慢脚步，陪孩子度过美好的童年时光，直到他飞向碧空，直到他成家立业。”

正如苏霍姆林斯基所说的：“世界上没有才能的人是没有的。问题在于教育者要去发现每一位学生的禀赋、兴趣、爱好和特长，为他们的表现和发展提供充分条件和正确引导。”走在个性化育人的路上，总会遇到困难，但只有一如既往地用爱去启迪智慧，尊重孩子的个性，接受孩子的不同，及时准确地把握孩子的心理和思想情况，从而有的放矢地予以正面教育和引导，才可能指引孩子走好他们各自精彩的发展之路。

只要心中有爱，赵璐玫和她的教育团队就有信心、有勇气、有力量！看校园里风暖日丽、草长莺飞，有含苞待放的蓓蕾，有芬芳绽放的花朵。教育亦然，静心育人，终能迎来花开满树，馨香满怀。

延伸阅读

给妈妈们的话

母爱，是每一个母亲的本能。我也和天下所有的妈妈一样，从孩子呱呱落地的那一刻起，就深深地爱上了他。这个小生命的到来，让我真正成长为一个完整的女人，让我觉得自己身上平添了巨大的力量和责任，也让我的人生有了新的内容。

养育儿子的过程虽有数不尽的烦恼、操劳，但不可否认的是，我“痛并快乐着，累并幸福着”。我用我的文字，记录养育儿子十几年的点点滴滴，我相信，一分耕耘一分收获，在孩子成长过程中，妈妈的努力和付出不可或缺；我和儿子用我们的文字，记录一对远隔万水千山的母子共同的成长，那是穿越时间和空间阻碍，在尘埃中开出的鲜艳花朵，是我和儿子用心弹拨的心灵之音。

同时，作为一个教育工作者，我也有很多想法愿意和大家交流。我的观点可能片面，我的视角可能狭窄，但我的心是真诚的。从一个普通老师到一个学校的管理者，我的为“师”之路也不平坦，也经常在“教育者”与“被教育者”之间进行着身份和思想上的转换。我是老师，可生活工作中我接触到的孩子们、孩子的家长们以及我的同事们、领导们又何尝不是我的老师呢？我热爱我的工作，我享受与大家亦师亦友的状态，希望我的浅显观点和看法能得到大家的认同，或是引发我们进一步的思考和争论。

因为，我们都是妈妈。

——摘自赵璐玫专著《个性化养育：每个孩子都是美好的》自序

采撷真善美的芬芳

校训是一所学校办学理念、教育思想、治校精神的集中体现，是对学校所坚守的育人核心价值观的高度凝练，也与该校所处时代、所在社会紧密相连。历经几年的反复酝酿、讨论、修改而凝练成的，凝结了集体智慧的海淀实验小学的校训“守真、从善、修美”，既具有古朴敦雅的文化内涵，又散发着与时俱进的时代气息，体现了学校的教育理念和价值追求，是对新时期立德树人内涵的深刻解读。

面对新的时代特征和教育要求，赵璐玫一直在思考着如何提升学校文化品质，进一步凝练育人核心价值的问题，力求建构一种既与学校办学积淀一

脉相承又具有时代精神的学校文化，从而更好地引领办学实践，使学校走上内涵式发展之路。赵璐玫首先想到了校训这个载体，一则个性鲜明、恰切允当，具有强大感召力和生命力的校训，不仅可以引领师生思想、行为、价值观等的方向，更能随着时代的前进与教育的发展，为学校教育事业注入蓬勃的生机与活力。为此，赵璐玫决定以“校训重塑”为切入点，不忘初心，返本开新。不忘初心，就是追溯学校的办学历史，明晰和传承学校优秀的传统作风和特色优势；返本开新，就是基于学校多年的办学积淀和已有优势，依据“校训重塑”这一重要抓手，对学校文化做出紧随时代步伐的新思考和新实践。

但是，“校训重塑”并非易事，赵璐玫带领着她的教育团队多少次查阅书籍材料，多少次唇枪舌剑，多少次加班到深夜，却并没有得到令人满意的结果。“光有热情是不够的。”赵璐玫看着讨论过程中的一篇篇材料，感受到了大家的付出与努力,可翻开每一篇论稿,里面所描述的内容都很“高大上”，但是距离她想要的“一言以蔽之”的精粹还是很远。黎巴嫩诗人纪伯伦有句名言：“不要因为走得太远，忘了我们为什么出发。”这是赵璐玫经常挂在嘴边的一句话，在求索而未果的那些日子里，这句话又一次次地浮现在她的脑海里。多数人只关注在教育路上前行，却忘了适时回首初心，也许返璞归真、追求本色才是教育的真谛啊。想到这些，赵璐玫的心里一下子豁然开朗，脑海中突然闪现了“真善美”三个字，这简单朴素的三个字不就是教育的全部内涵吗？第二天她就召集了干部们进行讨论，大家也纷纷认为，“真善美”是我国优秀传统文化的精髓，最古老、最质朴的东西是最具有生命力的。亲历了校训修改全过程的边老师对这三个字也有着深刻的见解：“真善美是人最根本的美好品质，有了这样的根基，才能涵养出更多的优秀品质，这就好比三原色，有了三原色还怕没有其他的颜色吗？”为了让“真善美”的内涵更加灵动鲜活起来，学校还邀请专家进行了相关研究与论证，在其前面加了三个动词，与“真善美”组成了三个词，即“守真、从善、修美”，海淀实验小学的新校训终于出炉！

“守真、从善、修美”，简短的六个字看上去很高远，其实却很本真，学校对它的内涵做了很细致的阐释：“守真”就是教育的本原，即保持真的性情，语出《庄子·渔父》“慎守其真”；“从善”就是思想道德的追求，即遵从善的原则，语出《左转·成公八年》“从善如流”；“修美”代表生命的最高境界，即修习美的品行，语出《淮南子·修务训》“君子修美”。“守真、从善、修美”这六字校训，既蕴含了追求真善美这一人类的永恒理想，又揭示了促进学生全面和谐发展的教育目标，微言大义，内涵丰富，体现出了海淀实验小学对于教育本质的深刻思考与把握。

在“守真、从善、修美”校训的引领下，教师们在开展一切教育教学活动时都注重从实际出发，以求真务实、科学严谨的态度育人、引导人，用和善、仁爱之心去关爱每一个学生，教人择善而从，见贤思齐，做到“从善”；以精湛的教学艺术、健康的审美情趣、积极的生活态度做学生精神上的引路人，寓美于教，以美育人，做到“修美”。这样一种追求“真善美”的学校文化，渗透到了教学、德育、美育等各个层面，有力地引导着学生保持真的性情、遵从善的原则、修习美的品行，为学生全面、和谐、健康的终身发展奠定了坚实的根基。

中国教育科学研究院研究员储朝晖说过：“校训应成为学校内人人向往的高尚境界，人人可以享用并坚守的砥石，引导学生在积极向上的氛围中共享激励与鞭策，守住底线与规范，走向成熟与完善，追求创新与超越，直至众生。”通过几年的教育实践，海淀实验小学全体师生已经将“守真、从善、修美”的校训内化于心，外化于行，这样一种发自内心的核心价值认同在实验人的血液里不息地流淌，追寻真善美的旅途一路芬芳……

守真石

修美亭

延伸阅读

为“真善美”点赞

北京市海淀区教育工委海淀区教委书记　尹丽君

全国教育看首都，首都教育看海淀。在教育改革的大潮中，海淀教育一直把推进优质均衡作为工作的主旋律，不是从零做起，而是一直在不断完善，不断加快节奏。海淀教育的特点是规模大，种类多。海淀教育有近三十万的中小学生，学生人数占全市的五分之一，有城市的学校，有城乡接合部的学校，还有纯农村的学校，也有大学附属的学校以及民办学校。这样的区情决定了海淀教育在改革的过程中不能一刀切，要符合两个规律：第一是教育规律，第二就是要符合海淀的教育实际。海淀教育的均衡，不是低水平的均衡，而是高位均衡。为此，我们首先认识到了改革的重要性和紧迫性，在大方向明确的条件下，如何选择路径，如何安排好节奏，需要教育智慧，也是考验海淀教育工作者的能力和水平的试金石。

江育而海孕，水秀而山清，海淀素有“上风上水上海淀”之美誉。就在这片极具浓郁文化的中关村创新核心区，一所建校五十年的学校——北京市海淀区实验小学，在昆玉河的哺育下，历经历任校长的不断努力，正以其独特的办学风格而备受社会各界瞩目。尤其是，在现任校长赵璐玫女士的带领下，凝聚全校广大师生的智慧，历经几年的反复酝酿、讨论和修改而最终凝练成的校训“守真、从善、修美”，既饱含文化经典的古朴敦雅，又散发出与时俱进的时代气息，凝聚学校的教育思想和价值追求，更与社会主义核心价值观一脉相承，成为新时期立德树人内涵的深刻解读。在校训的引领下，学校在全面贯彻素质教育的过程中，把立德树人作为学校的根本任务，以社会主义核心价值观为引领，坚持“求真务实、育人为本、着眼未来”的办学理念让每个独特的生命都得到发展，绽放出生命本真的色彩，最终让学校成为传播“真善美”的文化圣地。

为海淀实验小学的“真善美”点赞。生命因“真善美”而精彩。对于每个人来说，太阳每天都要升起，其散发的是真、是善、是美的光芒，温暖耀人，温情大地。“守真、从善、修美”，是人的理想追求。人类追求“真善美”，就是追求高品位，就是追求有价值的人生。只要每一个人用真、用善、用美去表达对世界的爱，对生命的爱，我们的世界将会更加美丽，生活将会更加灿烂。每个人都应该让追求“真善美”成为人生价值观的核心，只有那样，我们人性的光芒才会永恒地将整个世界照亮。可以说，海淀实验小学自创建之日起，始终弘扬并光大“真善美”这一科学要义，因而积淀了“真善美”的内涵与特色，凝聚了“真善美”的荣光与传统，承载了“真善美”的激情与梦想，铸就了“真善美”的品牌与辉煌。

今天，作为海淀教育的一个缩影，海淀实验小学的发展，深刻诠释了海淀教育之所以有百花齐放的局面，就是我们积极鼓励每一所学校特色发展，创设一个多元化发展的空间。校长可以自己设计课程，可以实施不同的办学模式，可以大胆地进行教育教学改革。在海淀教育这片沃土上，在新时代改革的春风里，“守真、从善、修美”的海淀实验小学人在赵璐玫校长的引领下，不仅会把“真善美”作为办学的风向标，而且还会站在新的五十年发展道路上，以点亮智慧、陶铸品性的更大作为，开创属于自己的光明前景。

——选自《人民论坛》2015 年 5 月刊报

第二章

诠释爱的真谛

从创建花园村小学伊始，海淀实验小学的成长之路曲折而宽广。学校用春风化雨般的大爱，无声地诠释“爱”的真谛。而走进新时代，赵璐玫带领她的教育团队，每天都在执着而坚韧地追逐自己的教育梦想。在互相尊重、互相包容、守望相助、携手共进中，用阳光和雨露，用智慧和力量，用奠基和放飞，把“爱”写进了每一个海淀实验人的生命里。

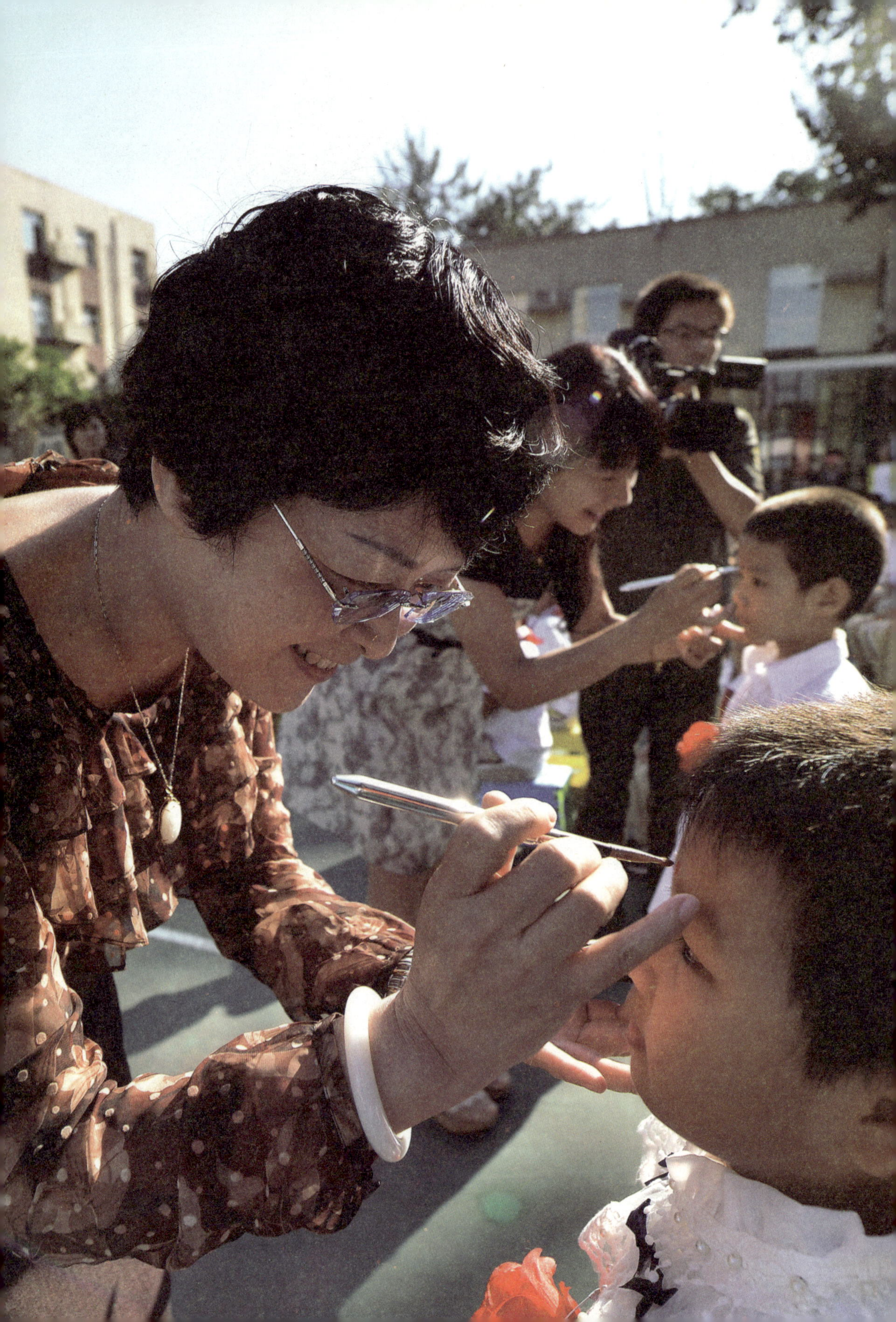

/ 一 / 爱是阳光，是雨露

2016年教师节前夕，习近平总书记来到北京八一学校时指出，一个人遇到好老师是人生的幸运，一个学校拥有好老师是学校的光荣，一个民族源源不断涌现出一批又一批好老师则是民族的希望。在人类文明漫长的进化过程中，教师承担着“传道授业解惑”，塑造一个民族精神与信仰的崇高使命。他们被誉为“人类灵魂的工程师”。在海淀实验小学，正是有这样一群师者，他们恪守学校肇始之育人梦想，不管身处任何历史时期，坚守育人风范，学为人师、行为世范，坚持把爱的阳光雨露洒向每一个学生，用充满关爱的每个动作、每个表情、每个不经意的呵护，让学生感受到教师们来自内心的爱，并滋润学生的心田。

爱是阳光，是雨露。苏霍姆林斯基把热爱学生比作“教育的奥妙”，认为师爱是教育的灵魂。爱是教师最美丽的语言。要当好一名教师，就要爱岗敬业，呵护学生，爱得专心致志，爱得无私无畏！如果要探寻海淀实验小学能够取得一定的育人成效的诀窍是什么，那么可以概括一个字就是“爱”。多年来，实验人正是从一种博爱、大爱的角度出发，不知疲倦，不停脚步，将阳光和雨露播撒在校园的每一处。

让教育慢下来

教育是“慢”的艺术。在慢的课堂里，每一个孩子都能得到教师温情的照顾、诚意的鼓励、恰当的提醒。实验人一直都希望：我们的教育能慢点，再慢点，让每个孩子都跟上节奏，让每个孩子都不掉队。只有如此，我们的教育才能焕发出鲜活灵动的生命力。

有这样一则寓言：上帝给了人一个任务，叫人牵着一只蜗牛去散步。蜗牛已经在尽力地爬了，但每次总是只能挪动那么一点点。人拉它，催它，吓唬它，责备它，甚至踢它，蜗牛仍然不紧不慢地往前爬。人在极端疲惫、懊恼之余，开始向上帝抱怨，为什么叫我牵一只蜗牛去散步？人朝着天上喊，天上一片安静。人没有办法了，只得任由蜗牛慢慢向前爬。咦？人忽然闻到沁人心脾的花香，听到悦耳的鸟鸣，看到晶莹的露珠在树叶和草茎上闪烁，人困惑了——路边原来有这样美丽的花园，为什么我以前没有看到？莫非是因为蜗牛在带着我散步？同一个人，做法不同，心境和收获亦大有不同：人沿路匆匆忙忙，不仅一无所获，而且心情还极其烦躁；人在放慢了前进的步伐后，闻到了花香，听到了鸟鸣，看到了闪烁的露珠，不仅收获了人生的美丽，而且感悟到了人生的真谛。

所以，在海淀实验小学执教多年的班主任刘老师对于教育是一种“慢”的艺术，有着切身体会。在她看来，教育，是一种慢的艺术。慢，需要平静和平和；慢，需要细致和细腻；慢，更需要耐心和耐性……教育，作为一种慢的艺术，尤其需要合理地对待学生的不足，需要留足等待的空间和时间。

这不，在刘老师的班里就有个叫大勋的男孩，由于他的特殊家庭背景以及家庭环境的影响，他以特有的表现吸引大家的注意：常常是未见其人，先闻其声，在大家无声的注视下一个男孩风一般冲进教室，教室立刻显得“充满生机”，而大勋的脸上却洋溢着满意的笑容……上课时他最安静的状态是玩自己手中的玩具，偶尔抬起眼看一下老师，或搭上两句不着边际的话，惹来些许笑声。至于作业，凭印象胡乱写上几笔就算给面子。面对这些“窘境”，刘老师时刻提醒自己一定要慢慢来，不能一蹴而就，换一个角度看待大勋，慢一点，从点滴做起。

慢下来，给予孩子更多理解。刘老师深知：尽可能了解每个孩子的精神世界——这是教师的首条金科玉律。那从哪儿开始了解呢？先从孩子的家庭教育开始。于是，当刘老师了解到大勋是来自单亲家庭的孩子后，她给予了这个孩子更多的理解与包容，暗暗下定决心要给孩子更多的温暖。通过几次和孩子妈妈的交流，刘老师得知孩子是跟随爸爸长大的，缺乏成人的引导和关注使得大勋在情感上有所缺失，导致孩子认知事物、与人交往 、行为自控等方面都有欠缺，所以在不自觉中惹出许多是非。于是，刘老师决定加强家校合作，同步共振，协同育人，让孩子感受到来自妈妈和学校共同的爱。刘老师会经常和大勋谈心，把纯真的笑容送给这个孩子；有意地制造让大勋“立功”的机会，再大张旗鼓地给予他充分的肯定。通过一段时间的尝试，虽然小事不断，但孩子已经开始愿意和同学们友好地交流，并能够有效控制自己的行为了。

慢下来，给予孩子更多舞台。刘老师还努力为大勋创造展现自我的舞台。面对他的好动，刘老师就请他担任班中的“笔长”，课间帮助老师整理好板槽及桌子上的粉笔。刘老师告诉他：“特别细心和有意志力的孩子才能担当这个职务，你愿意吗？”他听后眉毛立刻上挑，眼珠瞪得老大，迫不及待地说：“愿意！愿意！”他这是为自己在班中有了“职位”而兴奋，更为自己能有机会为老师和集体服务而激动。从那以后，大勋一下课就忙着走向讲台，去做在他心中觉得最神圣的事情。两年中，虽然他仍不断出现这样或那样的问题，但趋势是在向好的方向发展。如今，大勋已经毕业，刘老师坦言，其实教育大勋的方法并没有什么高明之处，做老师的，只有蹲下来，平等地去倾听、去观察，站在孩子的角度换位思考，走进孩子的世界，甚至要让自己也是个孩子，才能理解孩子的行为并找到教育孩子的最佳办法。

可以说，每个人的成长过程，都是一个“慢”的过程。刘老师说：“在班级里，经常遇到一些‘与众不同’的学生，给我们的教育教学工作增加了很大难度。对此，我反复思虑着如何将他们引上良性发展的轨道。他们还只是孩子，一些不好的习惯不是很难改变的。虽然他们的学习起点比较低，但仍然可以有所作为；虽然他们进步的速度比较慢，但并不等于到达终点的速度就慢。因此，我会想办法列举古今中外的例子告诉学生‘火车理论’——一个跑得慢的人搭上一辆快车和一个跑得快的人搭上一辆慢车，最后，先到达终点的是跑得慢但搭上快车的那个人。”

在海淀实验小学，这样的案例可以说每个班级都有，每位教师都遇到并解决过，海淀实验小学的教师们平等对待每个学生，用热情和爱心，以欣赏和表扬来营建充满大爱的校园，来办充满大爱的教育。

延伸阅读

家长留言

我是学校一名二年级学生的家长，我以十分感激的心情向您汇报我儿子在学校两年以来的学习情况。两年前我儿子刚上学的时候，因注意力不集中感统性差、控制力弱、性格急躁、不合群等原因，给教课的老师，特别是班主任张老师带来了新的挑战，也增加了额外的工作量。但学校没有放弃他，对他的管理采取了灵活的办法，还特意给他安排感统训练课。任课的老师们同样没有放弃他，而是在他身上倾注了大量心血，付出了比其他孩子更多的爱。

班主任张老师对他付出得最多，管理上宽严有度，教育上讲究方法。比如，为增强他的自信心，张老师找机会让他展示自己，并及时给予鼓励；为不让他掉队乱跑，集合时安排别的同学牵着他的手；还开展同学之间的互帮互助活动，同学主动帮他装书包、抄写注意事项等。教英语的伊老师从点滴入手及时教育引导，帮他改掉了一些不好的习惯。还有其他教课老师及分校的领导和教职工都付出了辛勤的汗水。在这样一个温暖的、充满爱的环境中学习，我儿子进步很大，没有掉队，基本上融入了这个集体，作为家长我非常欣慰。

新学期开始他就要到本校上三年级了，在即将离开分校的时候，作为家长的我，此时此刻头脑中唯一的"闪念"就是感谢：感谢您提出了"尊重孩子的个性，接受孩子的不同"的教育理念，我的孩子是直接受益者；感谢您培养出了一支过硬的、德才兼备的师资队伍，把您的教育理念落地生根，体现在了个性化教育的实践中；感谢分校的领导和全体教职工的辛勤付出，并请您转达我对全校老师的衷心感谢并致以崇高的敬意！

尿裤子了

"把你的笑容给我，我的眼前就盛开花朵。把你的年少给我，我的生活就洋溢着快乐。把你的成长给我，把你的梦想给我，孩子们啊，请你相信我，相信我……"《相信我》这首温暖的歌源自下面的故事。

每当听到这首歌温暖动人的旋律，诚诚总会想起自己入学第一天在课堂上尿裤子的“糗事”，想起亲切的班主任汪老师，是她用温柔的话语、温暖的怀抱给了自己勇气，并帮自己慢慢建立起自信，让自己在海淀实验小学这个人生梦想起航的地方扬起自信和希望的风帆。

那是入学第一天的语文课……

“丁零零！”一阵清脆的上课铃声响起，欢呼雀跃的孩子们像是一群羽翼初绽的雏鸟，扑棱着翅膀飞回到教室里。

刚刚踏进小学校门的孩子们，有的活泼大方，很快就和小朋友们结成了友谊的同盟军；有的懵懂好奇，还在充满欣喜地打量着新世界；有的羞涩腼腆，静静地坐在课桌前，小心翼翼地观察着周围的一切。诚诚就是其中的一员，这个害羞内向的小男孩，还沉浸在爸爸妈妈放开他的小手，送他进校园后随人群远去的小小忧伤里。

“铃声停，教室静，脚放平，身坐正，这样才是好学生！”沉思间，一串清亮的叮咛从讲台上传来。诚诚抬头一看，穿着蓝裙子，扎着长辫子的汪老师已经站上了讲台。听到汪老师的话，孩子们连忙规范起了自己的坐姿。

时间一点点过去，正陶醉在美妙课堂里的诚诚忽然感到小腹一紧，一股尿意涌来。“糟了！刚才课间忘了上厕所了，怎么办？”

好不容易忍了又忍，但抬头一看墙上的钟，离下课还有二十分钟呢！要举手报告吗？可是上课举手说上厕所多丢人啊！诚诚的心里打起了鼓。

“同学们读得真标准！下面跟老师一起来写一写这节课的生字吧！”汪老师拿起粉笔,转身在黑板上工整地写起板书。课堂上传来窸窸窣窣的纸张、铅笔摩擦声。诚诚一边在练习本上写着生字，一边夹紧了双腿。此时，他的思绪已经飞到了九霄云外，只盼望着快点下课，他快要憋不住啦！突然，一股尿意再次袭来，诚诚的裤子湿了一大片。

“完了完了！我尿裤子了！怎么办！千万别被发现啊！”诚诚紧张得快要哭出来了！

“报告老师！他尿裤子啦！”同桌洋洋突然举起手大声喊道。安静的教室沉寂了几秒钟，随即爆发出一阵笑声。“啊！有人尿裤子啦！”“哎呀，都上一年级了，还尿裤子。真羞！”……

听着同学们此起彼伏的声音，诚诚的大脑一片空白，紧张地捂着脸，抽噎起来。就在这时，他感到自己被拥进一个温暖的怀抱，耳畔传来汪老师严肃而亲切的话语：“同学们静一静，谁没有尿过裤子呀！大家好好写字，保持安静！”听了老师的话，教室安静了下来。“诚诚，别哭。跟老师先出去，好吗？”说完，汪老师搂着诚诚走出了教室。

来到办公室，汪老师连忙拿出柜子里的备用校服，轻轻地走到诚诚身边，小声说道：“诚诚，别哭了！先让老师帮你把湿裤子换下来吧，要不然该着凉了。”可是，想到课堂上那一幕，再看看自己湿漉漉的裤子，诚诚紧紧地攥着衣角。

汪老师知道，这时候的孩子最紧张、最敏感，课堂上发生的一幕如果处理不好，很容易给孩子稚嫩的心灵留下阴影，伤害他的自尊心，说不定还会影响孩子融入校园大环境，一定要妥善处理。于是，汪老师一边轻轻地抚摸着诚诚的脊背，一边温柔地安慰着他："诚诚，别害羞，老师小时候也尿过裤子呀！相信汪老师，先把衣服换下来，好吗？""老师小时候也尿过裤子吗？"听了汪老师的话，诚诚的心安定了下来，跟着汪老师去洗手间换上了干净的裤子。

看着平静下来的诚诚，汪老师亲昵地拍了拍他的头问道："好了，没事了。能跟老师说说为什么尿裤子吗？""我……我……我害怕，不敢跟老师说我想去厕所……"诚诚望着汪老师关切的眼睛，鼓足了勇气回答。听了诚诚的话，汪老师温和地说道："那么，以后下课，一定要记得先去厕所。如果上课还有想去厕所的情况，要告诉老师，不好意思的话，就在老师走到你身边时，小声跟老师说，行吗？有什么问题和困难，老师一定会帮助你的。相信我……"望着汪老师关切的眼睛，诚诚认真地点点头："嗯！汪老师，我相信您！"

这次"出糗"经历之后，诚诚谨记汪老师的叮嘱，再也没有出现过类似的苦恼。也正因为有了汪老师的疏导和鼓励，诚诚在课堂上也敢于积极举手、大胆发言了。

教师的职业道德以“爱”为核心，要有对事业的爱、对学生的爱。不要忘记自己也曾是个孩子，要能够站在孩子的角度去看待事物、思考问题，体会孩子的情绪与感受，这样才能获得孩子的信任，走进孩子的内心世界，进而给予他们所需的指导与呵护。

（注：本章节故事经过艺术处理编入海淀实验小学庆祝建校50周年大型原创音乐剧《这里是实验》。）

延伸阅读

家长留言

我是一名一年级新生的家长，非常荣幸孩子能够进入海淀实验小学就读，也非常幸运地遇到了一位特别特别和蔼可亲又负责任的班主任——郭老师。特写此留言，向各位领导表示感谢，对刚刚相识不久的郭老师及各位科任老师表示尊敬、信赖以及无比的感激之情！

我家女儿比较胆小、内向，依赖家人，特别害怕面对陌生人，适应一个新环境需要很长很长时间。入学前，我们很紧张，生怕孩子恐惧上学。8月31日，我们去学校开家长会，将孩子送入教室时，她紧紧地拉着我的手，小心翼翼地跟在同学们后面。探过头偷偷地看了一眼老师，当时郭老师正在接待家长和学生，孩子轻轻地笑了，小声地对我说：“妈妈，我喜欢这个老师。”这句发自孩子内心的话让我忐忑的心一下子放了下来。郭老师的微笑和热情让孩子一下子就放松了，这强大的亲和力真是了不起！

我这个当妈妈的特别不称职，忘记给孩子带水了。在4楼开家长会时，很担心孩子口渴。等接到孩子时连忙询问，孩子说：“妈妈你放心吧，郭老师给我倒水喝了！”听到此，我心里充满感激。郭老师真是细致，对孩子们照顾得如此周到。

9月1日，送孩子参加开学典礼，孩子独自走进学校，我生怕孩子找不到班。孩子回来告诉我："好找，郭老师在门口等着我们呢！"郭老师的工作处处做在前头，不但为孩子们想得非常周全，减少了家长的担忧，也为我们家长考虑得十分细致。

郭老师设计了表格，记录孩子的表现，每一天孩子方方面面的情况都一目了然；微信随时告诉我们孩子的情况，以及第二天要带的物品，免得遗忘；邮件随时把各种信息告知家长，每一点都写得特别详尽，大到书包、舞鞋，小到餐盒、纸巾，郭老师都写得井井有条，清清楚楚，事无巨细都为我们写好，设计好。

9月2日，孩子满怀期待地一遍遍问我："妈妈，明天几点上学啊？我什么时候能看见郭老师？"看来，郭老师在孩子心里已经有了不可替代的地位。

9月3日，孩子第一天上学，竟然自己背起书包走入了警戒线内，勇敢地回头对我说："我去找郭老师了，妈妈再见！"眼见着几个小朋友还死死地黏着父母，泪眼涟涟的样子，我的心里无比感慨——孩子在老师的陪伴下，长大了！

好的开始是成功的一半，我们坚信在郭老师的教导下，孩子一定能尽快成长，阳光快乐。虽然刚刚接触几天，但郭老师已经给我们留下了非常美好的印象。其他任课老师也都对孩子给予了细致、周到的照顾。感谢学校，感谢各位老师，让我们的孩子能有良好的成长环境！值此教师节即将到来之际，恭祝各位老师节日快乐，祝学校越办越好！

老师，我愿意坐这个位置

小小的座位，大大的智慧。编排座位是每一个班主任在班级管理中必然要处理的一项重要工作，体现着班主任的教育智慧和管理艺术，合理巧妙的座位编排方式能够对班级管理、班风树立等起到正面积极的作用。

班主任们都知道，编排座位是件棘手的事情。从客观角度来看，一个班里的座位肯定会有相对好与不好的差别，但是这些座位总得有人去坐，既要兼顾公平，又要利于管理，还要顾及孩子生理上的客观差异。这样一件看似很小的工作实则充满了挑战。年轻班主任崔老师也曾经为编排座位的问题困扰过，不过办法总是比问题多，善于学习和思考的她，把编排座位当作自己工作中的一个重要课题，一遍遍地总结反思工作实践，并主动向有经验的班主任“取经”，独创了一种极具智慧性和艺术性的座位编排方法。

受“免检产品”的启发，崔老师把教室后排相对较差的座位定为“信得过专座”，并郑重声明：获此专座的学生，需个人申请，经全班公认通过，才能在此就座（若是矮个子的同学获此座位，可允许离开位置或站起来看黑板记课堂笔记）。因为在此就座的学生，距离讲台远，做小动作或小声说话，老师不易发现，只有自我约束力强的、大家信得过的学生才能在这样的座位上一如既往地保持好的学习状态。听崔老师讲完，学生们既惊讶又新奇，原先大家都不愿意坐的“差位置”现在居然变成了“信得过专座”！后排座位一下子成了“光荣”的象征，学生们争先恐后地要求申请获此“宝座”，甚至连那些小淘气们也都要努力地坐上这个光荣的“信得过专座”。

为什么同一个座位经过巧妙处理后会有如此大的反差呢？心理学家研究表明：人都有追求完美、受人尊重和得到别人信任的需求，当被惩罚时，就会有一种自尊心受损的压力，产生逆反心理及对抗惩罚的行为。因此，教师的惩罚只会把学生推向教育的另一个极端，而信任学生则是让他们的人格受到尊重,可以激发学生自尊、自爱、自强的热情。当学生坐在“信得过专座”时，虽然客观上位置不佳，但在心理需求上却得到了满足和弥补。的确，信任是对学生最佳的奖赏，是改掉不良习惯的有效手段，是推动他们前进的动力。如今崔老师班上的学生们都认为，如果自己能坐上“信得过专座”，就是得到了老师和同学的一致认可，这是一种集体给予的特殊荣誉，这样一来，所谓“差座位”反而成为学生们争抢的“香饽饽”,这样的教育机智确实令人佩服。看着学生们的自律性越来越高，排座位变成了一件愉悦的活儿，崔老师备感欣慰。

随着学生们对“信得过专座”产生了价值认同，崔老师又不失时机地对他们进行更深层面的引导，让学生们形成正确的座位观，让他们明白座位本身其实并无好坏之分，学习的优劣关键在于内因，个人的自律和努力才是真正的动力。现在在对待座位问题时，学生的观念改变了，家长们对崔老师这一方式也表示了认同和赞许，不再为调换座位而纠结。崔老师用她的智慧赋予了座位独特的价值，让每一个学生无论坐在教室的哪一个位置，都能够找到自己的价值。正如崔老师所说：“座位调换虽然是一件很小的事情，但是引导策略非常重要，座位编排不仅要注重整个班级管理，还要着眼学生个性发展的需要。”

当然，崔老师在编排座位上，并没有忘记某些孩子的客观需求。有的学生个子高但视力不好，有的学生身体有疾患或某个方面有一定障碍……她在安排这些学生的座位时，既要保护好他们的自尊心，消除他们的心理障碍，又要兼顾公平,顾及其他孩子的感受。所以她一般都会先向同学们说明情况，再征求大家的意见，留给学生主动表现、发扬个人风格的机会，让他们自主

协商，自由组合，再报班主任审核通过。这样既有利于增进同学之间的友谊，增强学生的集体意识和奉献精神，又体现出了班主任关注个体、尊重差异的管理艺术与人文关怀。如今，在崔老师的班级里，“老师，我愿意坐这里！”已经成了学生们口中一句响亮的话语。

排座位不是博弈，不是和学生斗智，而是基于公正、公平的原则，从促进全体学生发展出发，排出兼具科学化和人性化的座次，达到班级最优化管理的目的。排座位这样一件小事也是培养学生民主意识、构建“班级公民社会”的重要契机，学生们在班主任的引导下学会了如何与他人相处，建立和谐融洽的人际关系，这正是他们走向未来社会的重要素养。小座位，大智慧。从崔老师身上可以看出，教育机智和仁爱之心是班级管理的制胜法宝！

延伸阅读

家长留言

在教师节即将来临之际，作为贵校一名学生的家长，特向所有老师致以诚挚的祝贺！

促使我们提笔的原因，缘于两年前与孩子的一次闲谈。我们问："新班主任怎么样，对你好不好？"孩子回答："她很公平，她对每个同学都一视同仁，班里两个成绩最差的男生有时放学会被留下补课……老师说不让一个同学掉队。"

我们的心怦然而动。孩子现在肯定不懂，老师甚至也没意识到：人生最珍贵的种子已播下，人生最美丽的花朵将绽放。

相对于地球约46亿年的进化过程，中国有文字记载的两千多年历史实在短暂，每个人几十年的生命更如流星般刹那。让孩子们在一转瞬的生命历程中生活得更加幸福，是所有家长、老师的共同心愿。这种幸福绝不仅仅是物质与精神的极大丰富与满足，更重要的是，如何让这种丰富与满足惠及所有人？如何让这种惠及所有人的丰富与满足永久延续？

而这就是古今中外无数仁人志士用生命共同追求的公平、完善和充满人性的社会制度，而公平正是这种制度的灵魂。当前，我们的社会正处于变革转型期，各种矛盾、冲突和丑恶现象归根到底源于不公平；人们对公平的追求和企盼如汹涌的潮水一浪高过一浪，每个家庭和学校都难以超脱其外。

就在这种躁动纷繁的包围下，静静的教室里，一个普通的女教师，正把人类生存、发展所必需的公平种子，用最平淡的方式，默默地埋进孩子的心里。面对这种平淡将会产生的结果，我们的语言已无法描述了，因为无论多么华丽、壮观的辞藻，在神圣的公平面前都黯然失色、苍白乏力……

为了不干扰这种平淡，我们选择在孩子升入高年级后才写这封信；为了不干扰孩子的童真，我们没有告诉孩子写了这封信并隐去姓名。但我们深感幸运，孩子能就读于海淀实验小学；我们引以为豪，孩子遇上了这样优秀而平凡的教师！

不难想象，几十年后，当孩子变成白发苍苍的老奶奶，她一定会拉着孙子的手，一边讲述着胡老师的故事，讲述着舞蹈团冯老师对孩子和事业痴狂的热爱，以及汪主任、高老师的点点滴滴……一边把孩子送进海淀实验小学——一个经典名校的大门。

小小寄宿生

城市寄宿制小学，作为一种比较特殊的办学形式，在一定时期逐渐进入大众视野的同时也被社会公众（尤其是家长）所接受、悦纳。作为曾经的寄宿制小学的一员，海淀实验小学苏州街校区在寄宿教育方面做出了积极的探索与实践。

对于寄宿生活，丰子恺先生在《寄宿生活》一文里做了一个形象而有意思的比喻，他说："寄宿生活给我的印象，犹如把数百只猴子关在一个大笼子中，而使之一起饮食，一起起卧。小猴子们怎不闹出种种可笑的把戏来呢？"不愧为一代文学大师，寥寥数语便将寄宿生活描述得如此生动形象，逼真贴切。

小雨是海淀实验小学苏州街校区的一年级寄宿生。入学的第一天，在老师们的陪伴下，小雨和同学们愉快地学习、玩耍，对新环境充满了新奇，第一次过集体生活的小雨也觉得很有趣。但当天色逐渐暗下来，学生们有序地洗漱完毕后走进宿舍，躺在了属于自己的小床上，老师关上了最后一盏灯时，小雨却开始想妈妈了，从辗转反侧到放声大哭似乎只在一瞬间，哭声惊醒了其他同学，也惊动了值班的老师们。小雨记得，是老师在那个夜晚把自己搂

在怀中轻声安慰，是老师温暖的怀抱让自己仿佛闻到了妈妈的味道……

在海淀实验小学寄宿部的老师看来，这样的情景并不陌生。新生入学第一夜，生活老师们会全员出动，因为孩子们还没有习惯从父母身边离开，会由于怕黑和想家而无法入眠，这些都是非常正常的。在这一段时间里，老师们会不辞辛劳地彻夜守着孩子们，时时查看孩子们的情况，是不是睡了，有没有蹬被子，还要将这些情况一一反馈给家长，让家长放心。总之，生活老师要用爱心为孩子营造第二个家，让孩子从心理上逐渐适应集体生活，逐渐适应学校生活，时时感受到老师妈妈般的爱。

小婷是海淀实验小学一名三年级的寄宿生，性格内向、胆小的她特别爱哭鼻子。与同学们闹不愉快了要哭鼻子，早晨赖床迟到了要哭鼻子，夜里睡不着也要哭鼻子。班主任王老师认为，寄宿部的孩子无论是生活还是学习都在学校里，对于他们的培养不能仅限于课堂，更应该融入生活中，教会孩子与人正确交往，让孩子拥有坚强勇敢、积极乐观的优秀品质。为了让小婷愉快地融入集体生活，王老师常常与小婷谈话聊天，鼓励她多参加班上的活动、主动与同学们交往沟通，还细心地参与到小婷的集体生活中，给她出主意、想办法，发掘她性格中自信阳光的一面。在王老师的帮助下，小婷渐渐敞开心扉，融入班级的大集体中，也不那么爱哭鼻子了。毕业离校时，小婷一直抱着王老师不撒手，她舍不得亲爱的“王妈妈”。

伟伟已经上小学五年级了，由于父母工作原因，他由走读生变成了一名寄宿生。但是没过多久，大家就都开始疏远伟伟，不仅如此，舍友们竟集体抗议要求他搬出宿舍。生活老师仔细了解了情况后得知，原来伟伟是个“邋遢大王”——臭袜子随手乱丢，学具、衣物乱糟糟地堆在一起……久而久之，大家都不愿与他来往了。看着他耷拉着脑袋懊恼的模样，生活老师觉得既好气又好笑，同时决定“领”着伟伟一步步适应寄宿生活。老师一边带着他整理内务，一边及时提醒他养成好习惯，同时还在私底下给其他同学做思想工作，希望大家帮助伟伟改掉这个“臭”毛病。渐渐地，往日的“邋遢大王”不见了，伟伟身边的小伙伴逐渐多起来，他成了大家喜欢的阳光少年。

习惯决定了生活的模样，而生活是生命质量的基础。小学教育是基础教育的重要部分，是行为习惯养成的关键阶段，也是德育的敏感期。海淀实验小学善于把握教育的关键，从实际小事中培养孩子良好的行为习惯，保证孩子人生的品质。

在海淀实验小学寄宿部，这样的例子还有很多很多，这充分说明学校开展的寄宿教育，是对学校历史和成功经验的挖掘、继承和发展。虽然寄宿教育并不适合每个孩子，但确实既能满足一部分家庭的现实需要，又有利于一部分孩子通过寄宿教育来弥补“独生子女”教育可能出现的不足。更重要的是，在义务教育中除去走读形式之外，留出一定的空间进行寄宿教育探索，也是教育多元化的一个重要表现。

“青山不墨千秋画，绿水无弦万古琴。”在海淀实验小学这片育人沃土上，寄宿教育曾经为学校的特色发展写下浓墨重彩的一笔。如今，寄宿制小学已经成为海淀实验小学的历史，但是教师对孩子的爱是无限的，实验人对教育的探索也似乎从无止境。

延伸阅读

家长留言

尊敬的校领导，我是咱们学校一年级一名寄宿生学生家长，这几天一直想表达一下对老师的感激之情，也不知道该如何将心中这份感激表达出来。今晚无意看到在这里可以留言交流，所以忍不住想表达一下自己对老师的感谢。我们家孩子性格脾气比较怪，各方面发育也比同龄孩子落后，所以无论是在学习还是生活上都比其他同学落后一些，上小学之前就一直在北师大做心理治疗。在上咱们学校之前我还一直担心，如果孩子因为落后受到老师歧视批评怎么办，如果那样这些治疗将前功尽弃，性格和自信也许会向更坏的方向发展。就这样，在忐忑和不安中我度过了上半学期，到现在终于对咱们的老师放心了，而且心里比任何家长都对老师充满了感激。

因为这半年来，孩子的性格不但没再变坏，而且每天都在向好的方向发展，老师一直没有在同学面前说过孩子笨和落后之类的话，相反还经常鼓励孩子。比如，最近有校长在班里听课时，按常理说老师一般是在有领导听课时让优秀的同学回答问题，以保证听课质量，但是没想到老师居然还叫我的孩子来读课文，尽管读得不好，但老师还是表扬了她。孩子回来向我说这件事时，我也能感觉出孩子满满的自信以及对老师的喜欢和感谢。真的，老师的一句表扬就可以改变孩子一生；老师的一句批评挖苦也许就能毁掉孩子一生。我听孩子说完这件事后，对老师的这种教育方式特别满意，特别感谢。在生活上，生活老师更是对孩子照顾得无微不至，孩子经常对老师撒脾气使性子，老师都没抱怨，孩子不吃饭就想办法哄她吃。上周医院给孩子开了些外用清洗的药，我还担心孩子不会弄那些药怎么办，没想到生活老师说："没事，你带来吧，我每天给她配药。"两周时间，老师一直给她配药。我都不知道该怎么感谢陆老师和田老师。希望有越来越多像她们这样的好老师。

每个孩子都是美好的

生命因教育而美好，虽然教育之路很长很长，甚至会有荆棘与沼泽，但是只要有爱，就值得我们一如既往地坚守、前行。面对来自不同家庭、不同秉性的孩子，海淀实验小学的老师们以博大的爱心发现每个孩子的美好，并努力创造着更多的美好。用他们的话说就是：没有“问题”孩子，走进孩子的内心世界，你会发现别样的动人风景！

印度短片《地球上的星星》讲述了这样一个故事：小男孩伊翔是学校的“捣蛋鬼”、家里的“闯祸精”，学校觉得教不了，家长也无计可施。于是，孩子被送到了另外一所寄宿学校。在那里,一位细心的老师发现了孩子的“问题”所在，在老师的帮助下，孩子取得了很大的进步，并且还显露出绘画方面的天赋。从这个短片可以看出，每个孩子的发展情况、能力特征等方面是存在差异的，老师要善于根据每个孩子的特点因材施教，这个需要细心、耐心，付出智慧、心血的过程离不开教育大爱的支撑。在海淀实验小学，老师们就在时时处处播撒着这样的教育大爱！

海淀实验小学李老师的班中有个叫小风的孩子，他性格暴躁，易冲动，攻击性强，发脾气时还会有自虐行为。他虽然喜欢和同伴一起活动，却又不善于与人相处，在班里没几个孩子愿意与他交往。

一天课间，班长急匆匆地去找李老师：“老师，小风又躺在地上哭了！”李老师连忙赶去，只见小风躺在走廊上哭闹，鞋子、衣服都被扔出去了，还用手敲打自己的头。李老师赶忙蹲下身子安抚他：“小风，怎么了？为什么生气呀？”小风一把鼻涕一把泪地说：“他们不跟我好！没人跟我玩！呜呜呜……”“同学们为什么不跟你玩呢？”班长在一旁说：“他老是打我们，有时还会自己打自己，神经病一样！”了解了事情的原委之后，李老师安慰小风道：“老师知道小风喜欢和大家一起玩，但你这样闹，有什么用呢？来，李老师告诉你怎样让大家也喜欢你！”李老师把小风带回到教室，给他讲了《孤单的斑鸠》的故事，让他明白“你总是欺负别人，谁还愿意成为你的朋友呢”，进而引导他要和同学友好相处。

为了更好地帮助小风，李老师把小风的座位安排在离老师最近的地方，以便及时提醒他注意自己的行为；上课时多给他回答问题的机会，让他知道老师非常关注他，当他的回答准确时，马上给予肯定。李老师发现小风的想象力非常丰富，常把空的牛奶盒做成各式各样的飞机。于是，李老师从小风的长处入手，专门为他举办了展览会，还让他教同学们做飞机，让小风感受交流、合作的快乐，帮助他树立自信心。一段时间后，班里的学生对小风的态度也有了很大的转变，开始接纳他、帮助他。

此外，李老师还通过表演课本剧的方式培养小风与同伴合作、交流的能力。例如，在排演《晏子使楚》时，请小风扮演晏子，让他开动脑筋去和“楚王”斗智斗勇。通过故事中的情节、对话及动作序列，小风逐渐懂得配合与倾听。课本剧表演让小风获得关注与重视，让这样的孩子有机会站在舞台中央展示自己，得到认可。

李老师还结合儿童喜爱游戏的天性，以游戏的方式培养学生的规则意识和合作能力。例如，在“你说我猜”游戏中，让小风扮演描述者，使他学会约束自己的行为，学会与同伴互相理解、互相配合。再如，在合作搭橡皮“城堡”游戏中，指导小风如果你想用别人手中的橡皮，或者你想这样搭而别人想那样搭时该怎么办，教给他商量、询问、征求他人意见的方法。

教育经验丰富的李老师也注重发挥家校合作的教育优势，经常与小风的家长进行交流，密切配合。在与小风家长接触的过程中，李老师发现家长对孩子的心理、行为情况认识并不充分，一些教育方法也并不得当。于是，李老师用心查找了一些儿童情绪调节方面的书籍推荐给家长，提高家庭教育的水平。家校协同教育，更好地保障了教育的持续性与实效性。

“随风潜入夜，润物细无声。”在海淀实验小学，像李老师这样的教师还有许许多多。多关注、多用心、多鼓励、多搭建平台……点点滴滴中凝结着无私的爱。正如李老师在教育随笔中所写：“漫漫长路，一路走来，虽有山重水复疑无路的困惑，但更多的时候是柳暗花明又一村的惊喜。辛勤耕耘，默默守望，使我深深地喜爱着教师这一平凡而充实的职业。清晨，当黎明的曙光射进教室，我已静候在三尺讲台旁聆听孩子们琅琅的读书声，那是天底下最动听的乐章，而我仿佛在享受人世间最美的旋律；黄昏，踏着最后一抹夕阳，我目送他们安然地离去，却已开始期待明天的重聚；夜晚灯光下，看着孩子那稚嫩的笔迹一点点成熟起来，我便感到，这就是我人生最大的追求和安慰！每个孩子都是美好的！”

孩子，我记得你

“学为人师，行为世范。”这八个简单却深刻的字眼诠释了人类灵魂工程师的神圣与美好。海淀实验小学可敬的老师们怀揣着执着的教育理想，用自己的一言一行润物无声地影响着孩子的成长，任粉笔染白了黑发，任岁月流逝了青春，他们心中那份对教育的赤诚却从不褪色，学生的一颦一笑是他们心底的甜蜜，学生的成长进步更是他们最大的自豪。时光荏苒，一批又一批可爱的孩子们如一棵棵树苗，在海淀实验小学这块沃土上，尽情地吮吸阳光雨露而茁壮成长，葳蕤繁茂，绽放着人生最初最美的光华，这也成了老师们心中永恒的风景。

在海淀实验小学，常常能看到这样的场景：学生违反了课堂纪律，班主任老师没有站着批评他，而是蹲下身子抚摸着学生的头，语气柔和地给学生讲文明守纪的道理，如果不是在校园里还真以为是母子交谈，这便是海淀实验小学一直以来积极倡导的建立和谐亲密师生关系的生动写照。赵璐玫认为，只有建立良好的师生关系，学生才能更亲近、信任老师，老师也才能更了解自己的学生，从而做到因材施教，让每一个学生都能健康成长。

老师们都很认同赵璐玫的观点，在他们心里，学生就像一棵棵成长中的小树苗，虽枝丫横出但青葱可爱。理解和赏识是学生成长过程中的阳光和雨露，是一种充满了爱的教育方式，它能让学生在获得尊重、信任和肯定的过程中逐渐学会自我教育、自我完善，从而走向成材之路，也能让师生关系变得更加有温情。面对低年级的“小豆包”，班主任们很有自己的妙招，精心

设计了《学生表现评价表》。《学生表现评价表》第一部分由老师填写，针对孩子一周来在校的听讲、发言、纪律、书写等情况逐项给予评价，在“一周闪光点”中尽量肯定孩子一切值得表扬的地方，并用充满鼓励和期待的语言给孩子加油鼓劲；第二部分由家长填写，针对孩子在家的表现给予评价，并建议家长不要吝惜对孩子的表扬，即便是一点微小的进步也要及时认可，帮助孩子建立起自信心；班主任还提议家长以写“表扬信”的方式肯定孩子在生活和学习中的点滴进步，向孩子传递爱的正能量，老师每周都会利用班会时间在班里宣读家长的“表扬信”，一方面满足了孩子在集体中想要被认可的心理，将自信心转化为继续进步的动力，另一方面也给其他孩子树立起了可以效仿学习的小榜样。这些洋溢着爱、充满人情味的小办法看似普通，却符合儿童的心理特点和成长规律，点燃了他们心中的自信之光。孩子们不再“害怕”老师的威严和批评，而是从老师积极正面的引导、鼓励中获得了成长，师生之间的距离更近了，感情也变得更深了。

赵璐玫经常说："要让学生喜欢学习、追求上进，先得让学生喜欢要他学习上进的人，老师的扎实学识、师德素养、人格魅力让学生敬佩，学生才会愿意听老师的话，才会有进步。"回忆起当年的情景，赵璐玫记得班里有位同学说过："班主任赵老师经常和我们谈心，帮助我们分析、解决学习和生活中的问题，觉得她像妈妈一样慈爱，无微不至地关心着我们的一切！"退休多年的杨老师也说道："本就率真朴实的赵璐玫老师与纯真可爱的孩子们性情相合，一旦投入孩子群中，她便即刻化身为了'孩子王'，带领着孩子们在脚踏实地前进的同时，又贴着孩子们的心，做他们的知心朋友。"

对于赵璐玫来说，一届届的"小豆包"们既是学生也是朋友，和他们一起度过的每一段时光都珍藏在自己的脑海里，如今已发酵成甜蜜的回忆。从第一次见到孩子们，到一年一年看着他们成长变化，再到最终送他们毕业离开，心里总是感慨时光飞快，一幕一幕都仿佛是昨天。说起孩子，赵璐玫的眼里满是温柔，甚至随口谱出了一段歌词："孩子啊，我记得你 / 我记得你的调皮 / 我记得你的淘气 / 我记得你气哭了同桌的小丽 / 我记得你 / 记得你的欢

歌 / 记得你的笑语 / 记得你小手捏的橡皮泥 / 孩子呀，我记得你 / 你在我的生命中 / 你在我的记忆里。”简单朴实的歌词，朗朗上口的节奏，自然和谐的韵律，充满着鲜活的画面感，这是赵璐玫几十年的教育经历谱成的歌，也是几十年爱生如子的情怀凝成的曲。

如今，赵璐玫愈发地珍惜与孩子们在一起的时光。每天课间操的时候，她有空就会去操场转转，不时与老师们交谈几句，更多的是与孩子们打招呼，听着此起彼伏的“赵校长好”，对她来说是一种幸福，站在孩子们的身后看着他们焕发青春光彩的蹦蹦跳跳也是一种幸福。赵璐玫经常很晚下班，有时候会碰到乐团排练结束的孩子等着家长来接，她就陪着他们一起等，跟孩子们说说话聊聊天，有时候看天色太晚，还会催老师先走，她留下来陪伴孩子。对于孩子们来说，赵璐玫不是个高不可攀的人，多年不见的学生见了以前的班主任礼貌寒暄之后，还不忘嘱咐老师给赵璐玫带句问候。

可以说，师生关系是教育过程中最重要的关系，教师与学生之间交往的本质就是二者作为完整的人与人之间的理解与沟通，是人和人心灵最微妙的

相互接触，师生间的关系直接影响到教育过程的进行和教育目标的达成。在赵璐玫看来，每一个学生都是一颗种子，最初的抚育都应该是轻柔呵护的。在新型师生关系的构建中，教师要对学生倾注真挚的感情，与学生建立起亦师亦友的关系，这便是教育教学工作取得成功的关键，正所谓“亲其师，听其言，效其行”，说的就是这个道理。正是在赵璐玫的影响下，海淀实验小学的教师们都是以朋友的身份去和学生们相处，用理解和爱心去读懂学生的内心世界，从而找到适宜的教育策略，促进他们健康快乐地成长。

“孩子啊我记得你。我记得那个雷雨阵阵的放学后，我拥着你小小的身子，你在我的怀里颤抖喊着妈妈。我记得你作业没写完时，垂着头脸红着嗫嚅着说老师下次不会了的样子。我甚至记得你毕业的那天，仿佛全世界的重量都消失的轻松样子，在盛夏的阳光里转身离开……孩子啊，你可曾想到，我在你的生命留下痕迹的同时，你也在我的记忆里画下浓墨重彩的一笔。”照片会发黄，时光会老去，但记忆中的孩子们始终带着灿烂的微笑，那是赵璐玫心中永不磨灭的美好回忆……

延伸阅读

家长留言

作为学生家长，对海淀实验小学的认识，源于六年前孩子入学时走进这所精致美丽的校园。在与孩子共同走过的六年中，感受了孩子在海淀实验小学的成长历程，更加深了我对它的了解。

这是一段在孩子心目中彩虹般美丽的生活，一段在孩子记忆中永不磨灭的时光。它记载着孩子从一名“小豆包”到光荣的少先队员再到成长为大家羡慕的“高年级大哥哥大姐姐”的美好历程。仿佛还是昨日，我站在秋日的微风里，目送着穿着白衬衣、背着小书包、扎着羊角辫的女儿那稚嫩的身影消失在校门口，心里担心着这儿，又担心着那儿。而如今，一个个头儿几乎高过我，知识也在与日俱增的大孩子站在我的面前时，升腾的自豪感让我由衷地感谢培养她的母校——海淀实验小学，以及那些辛勤的“园丁”——孩子尊敬而热爱的老师们。

曾经问过孩子，海淀实验小学最让你难忘的是什么？孩子骄傲地对我说：“妈妈，最难忘？让我最难忘的那可太多了。我们有开放的游泳馆、篮球馆、乒乓球馆、舞蹈教室、美术教室，还有我最喜欢的科学教室，里面摆了许多我感兴趣的做实验用的器材……更关键的是，老师让我们学会了许多知识和技能，还把我们的优秀作品和取得的优异成绩都展览了出来。学校的布置和设计也参考了我们小孩儿的意见呢！不错吧！还有，我们那些亲切的老师们，她们对我们的关爱那真是无微不至呀！尤其是我们班主任胡老师，她对我们班的每一个同学都是那么的爱护和关心，能和胡老师在一起度过四年，我太幸运了……”听着孩子滔滔不绝地讲述，我知道，在这六年的童年时光里，海淀实验小学给了她弥足珍贵的回忆。

其实可以说，历经了六年的学习生活，不仅仅是孩子，就连我们这些身为父母的成年人也从中受益匪浅。每一次的家长会，聆听着班主任胡老师精心准备的教育心得和体会，以及对班里每个孩子在学校表现的分析，何尝不是我们这些为人父母急需的“养料”呢！在这里衷心地说一声：“谢谢您！”

谢谢海淀实验小学高素质的教师队伍，谢谢你们对孩子的无限关爱和呵护。你们所给予孩子的知识和优秀品质，将是他们一生的财富。

美好的时光总是过得太快，孩子即将迈出小学的校门，遥望未来的人生道路，是那么漫长而又充满着希望和挑战。相信孩子们一定能够手握海淀实验小学为他们打造的“利剑”，披荆斩棘，勇往直前，驰骋在属于他们的未来天地里。

有一种铭记于心的记忆，是怀念！有一种心灵深处的悸动，是感恩！有一种跨越时空的祝福，是歌颂！羊有跪乳之恩，乌鸦有反哺之情，海淀实验小学，今天我们因您而骄傲，明天您将以学子们的出类拔萃而自豪！衷心祝愿您的明天更加美好！

老师们的“聚会”

人生当中有许许多多的聚会，或亲人聚会，或朋友聚会，这种场合，有人高谈阔论，直抒胸臆；有人回首往事，娓娓道来……对于海淀实验小学的老师们来说，他们在聚会上谈论最多的还是最爱的孩子们。

在海淀实验小学，老师们的聚会总是热闹的，赵老师说完张老师说，张老师说完李老师又接上去，于老师负责暖场地哈哈大笑，气氛融洽而和谐。但坐久了，总会有人注意到角落里的王老师，嘴角扬着微笑，目光柔和地与老师们做着无声的交流，身旁哪位老师妙语连珠，她也配合着做出表情，遇到感兴趣的话题，王老师也会接那么一两句。偶尔哪位老师想起来了，就唤她：“王老师，您说是不是？”她就会笑着点点头。

她已经执教快三十年了，终日与脉脉书香、琅琅童声为伴，性子中的倔强在岁月的洗礼下已经化作了温暖的力量，并感染着身边的每个人。“我小的时候挺犟的。”王老师不好意思地笑笑，惹来同事们的一片“吐槽”：“你现在也犟。”

“跟头牛一样，闷声不响埋头干。”张老师下了定论。

王老师嗔怪地看了一眼张老师，继续说道：“小学的时候，我就被老师说，性子犟，以后要吃亏。这话听着没什么吧？”她笑着问了句，又自顾自地说道：“可是我小时候就钻了牛角尖，觉得老师说我不好，闷闷不乐了好长一段时间。现在年纪大了，想开了，可是一想到老师当时的语气就觉得……怎么想怎么难受……后来我就一直在提醒自己，孩子身上没有小事。可能你一句不经意的话，孩子就会记很久。所以，我从当老师的第一天就告诉自己，说话做事都要慎重，要照顾到孩子的情绪。”

对王老师而言，班主任不仅要对孩子的学业负责，更要关怀孩子的身心健康。这些不仅是工作，更是她的幸福所在，她细心地对待每一个孩子，感知他们的情绪，化解他们的心结。

“我记得那时候王老师班上有个孩子特淘。”

“男孩子淘点好！”王老师笑着把话接了过来，“这样的孩子头脑也灵活。”王老师总会从另一个角度去发现孩子的闪光点。

提到这个出了名的“小淘气”，老师们打开了话匣子。在老师们的记忆里，这个淘气的小男孩是个令老师们挺头疼的小家伙。孩子好动、毛躁，自己的东西、周围同学的文具总会在他不经意的转身间，被甩带而散落在地上。王老师通过一段时间的观察了解，决定从小事做起，帮助孩子养成好习惯。

“他摔东西我就捡呗。”王老师有些不好意思地笑了笑，转了转面前的杯子，“孩子好动是天性，但也要让孩子知道分寸，注意尺度。所以我就希望能够从摔东西这件事上，让他学会慢一点，懂得照顾他人的情绪。刚开始的时候，他一摔东西，我就给他捡起来，他觉得我是在挑衅，动得更凶了。后来……”王老师似乎想到了什么，脸上的笑意更深了些。“时间一长，他就觉得不好意思了。每回摔了东西，就赶紧捡起来。有时候赶得巧我看见了，他还会跟我说‘王老师对不起’。我当时就觉着心里暖乎乎的，我做的事孩子看到了，我的心孩子感受到了。”

“您这样坚持了多久啊？”

“三个多月吧。孩子知道你是真心为他好。让他参加活动，也很配合。有时候找他聊聊，孩子也很愿意跟我倾诉学习上的困难，心里的郁闷。后来孩子摔东西的现象就好多了，老师们也夸他有进步，同学们也愿意跟他玩。那年我们在为学校运动会做准备的时候，他偷偷跑到办公室来跟我说，老师我想为班里做点什么。我看着他，他看着我，眼里满满都是真诚，我心里也是满满的感动。这可以说是孩子迈出的第一步，必须要找到适合他的项目，让他能够获得成就感以鼓励他继续前进。我找到了教体育的小姜老师，小姜老师特别配合，翻出他过去的体育成绩，一个一个进行分析，最后告诉我让孩子跑迎面接力，既有助于他融入集体，又可以发挥他的才能。我跟孩子商量的时候，孩子特别高兴。晚上回家躺在床上那会儿工夫我就在想，孩子已经有责任的意识了，在这个方面应该让他体会得更加深刻一些。思来想去，第二天我就去跟班上的同学商量，能不能让他当旗手。当旗手是一个光荣但是艰巨的任务，好多同学都想当。但是当我说完为什么让这个孩子当旗手的理由之后，班上的孩子们都非常支持这个决定。那一刻我真的觉得孩子们理解了团结互助的含义……”回想起孩子们的笑脸和眼里的信任，王老师仿佛触及了心底最柔软的角落，眼眶渐渐红了起来。

“当老师最大的幸福就是得到孩子们的信任与看到他们的成长。”张老师说完这话，在场不少老师都频频点头。他们是同事，是朋友，是陪伴着孩子们一起成长的师者，其中的酸甜苦辣，他们最清楚不过。

眼含热泪，王老师依然在分享着这个孩子的成长故事：“运动会闭幕式的颁奖典礼，依照惯例，是派每个班的班长或者是在运动会中有突出表现的运动员上去领奖。主持人念到我们班的时候，孩子们就纷纷去推这个小淘气包，叫他上去领奖。这个孩子认真地为班级争取荣誉，班集体里的孩子也非常真诚地希望他能够感受到班集体对他的认同。所以当孩子满脸幸福又带着一些羞涩站上领奖台的时候，底下的孩子们都特别用力地为他鼓掌……日子一天天过去，大家都发现这个孩子变了。待人接物的时候有礼貌，学会照顾周围人的情绪了，作业也能特别认真地完成。不仅是这个孩子，整个班级的氛围也开始转变了，大家之间的摩擦少了，有一股……”

“向心力。”

“对，就是这个词。向心力！孩子们的心拧成了一股绳儿，积极向上，想着怎么为班级争光。”王老师眼角眉梢都透出自豪骄傲的劲儿。

“一叶知秋，见微知著。”这就是海淀实验小学老师们的“聚会”，在你一言我一语的回忆里，在一举手一投足双目含笑的话语里，老师们回忆青春，回忆自己的教育生涯，回忆为人师者的那些闪光的岁月……从老师们所谓的“聚会”中，我们深深地品味到教育的真善美。不仅是杯觥交错，也不仅是家长里短，更多的是自己的学生，自己数不清的孩子……爱孩子的日子有苦有甜，爱孩子的岁月欢笑与泪水同在，孩子是实验人心中永远的牵挂。

延伸阅读

家长留言

开学第一天，孩子带回新班主任刘老师的一封信，这封信像一束温暖的阳光照进了家长和孩子心里。信中强调：“先做人，再做事；重道德品质，养良好习惯；着眼孩子未来，点滴小事做起。”这样的教育思想与理念，让我们意识到：孩子遇到好老师了。这是一位爱孩子、有思想、懂教育，注重孩子健康成长，可以帮助孩子在未来走得更好、更远的老师。

刘老师带班后短短的两个多月里，透过孩子点点滴滴的学习生活，我们欣喜地看到，刘老师不仅具有先进的教育理念，而且切实将这些优秀理念落实到日常教学和班级管理的每一件小事中。比如，她要求孩子们每天保证固定的锻炼时间，建立班级图书馆，组建业余小社团，坚持写周记和积累抄写好文章，鼓励孩子们独立处理小“摩擦”等。“十一”放假也不忘给孩子们写信，详细叮嘱假期注意事项和长假安排建议，其中包括带孩子去博物馆增长知识等内容，非常细致、专业，有意义。

刘老师对孩子们无私的爱还突出表现在，不把当前考试成绩放在首位，而是强调“先做人，后做事”，重点培养孩子们的道德品质、学习和生活习惯，关注孩子的身心健康。众所周知，孩子们每次测试的成绩关系到班级的排名和荣誉。但是，刘老师依然秉持着不让孩子们“临阵磨枪”成为高分低能“人才”的教育理念，坚持以培养孩子们的学习方法和习惯为重，期望能为培养孩子们持续的学习能力奠定坚实的基础。

我们的孩子在班级甚至年级里曾是有名的“淘气包”，作为家长的我们一直“头疼”他的“长不大”。但在刘老师带班后，我们惊喜地发现，孩子突然间长大了，懂事了许多。孩子心里有苦恼，总是第一时间想到向刘老师倾诉。孩子把刘老师当成他最知心的朋友。作为家长，我们感到惭愧的同时，更多的是感动。刘老师教会了孩子如何面对错误，敢于承担责任，宽容对待他人，更鼓励孩子有信心超越自己！刘老师对孩子的教育不仅仅局限在学校里，还不辞辛苦从专业角度细致指导我们教育方法，这第一次让我们意识到原来的教育方法上存在的差距和不足。她帮助我们优化了许多家庭教育理念和处理问题的方法，也让我们对今后的家庭教育更有信心。

刘老师的爱心不仅本班的孩子们能感受到，也像种子一样播撒在身边的每寸土地上。今年9月下旬的一个周二，由于下雨教学楼走廊里涌进了许多接孩子的家长。刘老师站在走廊里，不厌其烦地为每位不熟悉教室位置的家长指引路线，平和的语气、微笑的面容，让我们看到了一位充满爱心的老师身上的闪光品质。

在当今较为浮躁的社会环境中，刘老师能够坚持用自己的专业造诣和无限爱心，呵护孩子们的健康成长，作为一名普通教师该拥有怎样的崇高境界和敬业精神，要拿出怎样的勇气，付出怎样的心血才能做到？！她是我们孩子和家长心中“最美的教师”，家长感谢她，孩子们喜爱和敬重她。刘老师让我们看到了中国教育的希望，正因为有像刘老师这样默默无闻，秉承优秀教育思想的众多教育工作者们日复一日的无私奉献，我们的孩子才能真正成长为国家的栋梁，我们的国家才能更有希望。

一节有意义的班会

班会是以班级为单位开展的会议或活动。它既是班主任对学生进行管理、引导和教育的重要方式，又是培养和展现学生自我管理能力的一种途径，同时也是处理、解决班级问题的有效手段。海淀实验小学的学生们谈起班会时，总能津津乐道地讲出许多或有趣，或温馨，或感动的故事。因为一节节形式生动活泼、教育意义深刻隽永的班会是他们小学生活中难以忘怀的美好经历。

“主题班会是德育的聚光灯”，在以学生为“主角”的班会中，学生的创造能力、组织能力、活动能力都能得到锻炼与提高，从而实现学生的自我教育与自我完善。与此同时，组织开展班会还是加强班集体建设的重要途径：师生在共同设计、组织、参与班会的过程中，加深彼此之间的了解与合作，进而密切师生关系，增进集体凝聚力。

海淀实验小学班主任王老师的班上曾发生了这样一件事：轩轩要抄思思的作业，而思思却故意把答案写成错误的，等轩轩抄完后又改正过来。结果思思得了 100 分，而轩轩却得了 0 分。为此，轩轩十分气恼地和思思理论，说她是“骗子”。而思思却得意扬扬地说，轩轩抄作业才是“骗子”。

王老师得知了这件事后，结合培育和践行社会主义核心价值观的教育契机，开展了以“诚信”为主题的班会，还特意请轩轩、思思自编自演了短剧《讲诚信》。观看了短剧后，学生们纷纷发表自己的观点：“抄作业是有意欺骗和撒谎，是错误的；但故意提供错误答案也是不诚实的表现，也是不对的。”“发现同学不诚实的行为要进行善意的提醒，并给予恰当的帮助。比如，如果思思发现轩轩抄作业是因为不会做题目，那么，可以通过给轩轩讲题的方式来帮助他。”在老师、同学的共同帮助和指导下，轩轩和思思都认识到了自己的错误，并且相互道歉，又成了好朋友，师生们为他们的进步报以热烈的掌声。这幕短剧不仅在班会上进行了表演，还被搬上了学校的“大舞台”，学生们利用国旗下讲话的机会，以情景剧的方式把推崇诚信、践行诚信的教育传达给全校师生，给大家留下了深刻的印象：作为一名小学生，应积极弘扬诚信精神，从小树立良好的道德品质。否则，不但会失去朋友，更会迷失自己。

正如教育家马卡连柯所说的：“教育了集体，团结了集体，加强了集体以后，集体自身就能成为很大的教育力量。”在海淀实验小学，像上面提到的有意义的班会经常能够见到。许多班主任都善于借助班会，帮助学生分辨是非、善恶、美丑，树立正确的世界观、人生观、价值观，从而培养学生优秀的品行、良好的习惯、高尚的情操。例如，用打开心扉的方式让学生畅谈曾帮助过谁，或谁帮助过自己，使学生感受集体的温暖，认识到先人后己、互相关爱、共同进步的重要性；通过歌舞、演讲等多种形式让学生展示自己，使他们在活动中受到感染，促进交流，增强自信心，懂得打造优秀班集体离不开每位同学的努力，进而提升班级凝聚力……海淀实验小学的班主任们不仅“心中有书”，而且“目中有人”。他们把握住学生关心的热点、关注的话题，

以及正面临的问题，对症下药，开展有针对性、实效性的班会，使一节节主题突出、形式新颖、贴近学生学习生活、符合学生年龄特点的优秀班会真正解决学生的困惑和烦恼，从而促进学生的健康成长。

“古之学者为己，今之学者为人。”由此可见，在班会中，学生将自己的生活和学习融为一体，在心灵深处把道德修养看作是自己生命的重要组成部分，而不是教师或者家长强加给他们的“假大空”，那么道德学习就会成为自己人格完善而进行的“为己之学”，他们就会自觉地将学习成果加以实践，不断超越自我，最终实现全面的发展，教育的目的也就水到渠成了。

延伸阅读

家长留言

我是一名一年级学生的家长。我想在紧张的期末复习阶段，对曹老师的教书育人做法谈谈自己的感想。

重视教书更重视育人。一年级的孩子从幼儿园到学校很不适应，如果一味追求成绩会使孩子产生厌学情绪。虽然教学任务很重，进度要求很高（作为外行，我认为现在一年级语文、数学和英语难度很大），但是曹老师坚持成功地排练了班会节目，让孩子们通过排练热爱集体，懂得礼让。我的孩子参加了《长征组歌》合唱的排练，虽然角色戏份不重，但是她也同样把全剧台词倒背如流。而且参加活动后她变得更懂礼貌，以前她见到小区保安不打招呼，现在会主动喊“爷爷好”。为了配合数学课以及培养孩子的自理能力，我们每周给她七元钱，她主动用自己积攒的零用钱给班级买冷饮，拒绝向家长要钱。这样的变化还很多，就不一一列举。

重视课外更重视课内。一年级的孩子玩心大，我们也希望放学后能让孩子放松。曹老师虽然在发给家长的短信中提醒我们要检查复习重点，但是她总是尽量做到不留课外作业，而且当天全部改错。6 月 20 日，我因带孩子看牙提前到班上，看到那么多的孩子排队让老师改错，但教室里却秩序井然，感到真是太不容易了！由于孩子在课内得到较多的练习，只要认真听讲，遵守秩序，就可以完成作业，不需要课外加班。我们以此要求孩子，她为了能够放学后多玩儿，课内学习有很大进步，从刚入学时上课不听讲，不会收拾书包，到现在做完作业回家，变化很大。也许她的成绩不是最优秀的，但是只要能在课上掌握知识要点，回家没有作业负担，我们认为在这个年龄段就足矣。

重视批评更重视鼓励。孩子小毛病多，老师不严格，孩子不听话，多批评是很正常的。上学期我们的孩子在学校不守纪律挨批评多，回来从不汇报（曹老师常发短信提醒），但老师一表扬就逢人便讲，评上“文明小学生”连做梦都说。而且从她回家谈到的内容可以看出，曹老师对低年级孩子的心理十分了解，表扬的范围从学习到吃饭、午睡、喝水、整理书包等，全面培养了孩子的良好生活和学习习惯。这是家长应当做但经常做不到和做不好的。

现在老师在忙于孩子们的复习迎考，不管孩子的成绩如何，我们都想借此机会向曹老师和贵校领导表示诚挚的感谢。从孩子身上的变化，我们体会到贵校确实做到了教好书更要育好人的优良校风。

有你，便是晴天

爱之所以伟大，在于有爱的人总是首先想到别人，正所谓“利人必先克己，达己必先达人”。对学生深深的“爱”，是支撑起教师们树立高尚的职业道德、无私的敬业精神、坚定的理想信念的巨大力量，也是学生们成长过程中的和煦阳光。

安全事关重大，责任重于泰山。每个学生都承载了每个家庭的殷殷希望，对于海淀实验小学来说，几千个学生的安全问题始终是所有工作的重中之重。“高高兴兴上学来，平平安安回家去”，一句简单朴素的话，却道出了学校重视学生安全的心声。多年来，海淀实验小学以责任落实为主线，以制

度建设为保障，积极推进安全管理工作科学化、制度化和规范化，为创建“平安实验”而不懈努力，形成了安全工作网格化管理，为学生筑起了坚不可摧的安全“长城”。每天的课间操、放学等学生集中出行时段，最容易发生安全事故。据统计，校园安全事故有相当大一部分发生在楼道和楼梯，一是因为其狭窄，回旋余地不大；二是学生喜欢聚集，且把它作为活动场所；三是楼梯始终有人上上下下，顺向逆向交织，速度也各不相同。针对教学楼楼道的特殊性，海淀实验小学采取了一系列安全管理措施，如在各层楼道安排课间管理教师，对利用楼道玩耍，特别是追跑打闹的学生进行劝阻，保证楼道的安全使用；在楼道（梯）中间画线，统一要求靠右行走，避免逆行，班主任教师也配合进行针对性的安全教育，逐渐让学生规范有序上下楼梯，并以点带面地培养学生的安全意识，提高楼道安全的防范能力；根据教学楼两个通道的设计特点，对同一楼层的学生要求分班级分楼梯上下楼，合理调节楼道“流量”，杜绝人员流动“瓶颈”现象发生，使整个通道畅通有序。

长期以来，实验人用一贯的踏实沉稳和高度的责任意识，为学生筑起了一道道安全防线，就连“放学”这样的日常小事，也是一丝不苟，没有半点松懈，把小事做到了极致。虽说放学事小，但海淀实验小学是一所拥有五千多名学生的大校，放学其实并不是一件容易的事情。例如，花园村校区的校门紧临西三环主路，学生放学时间往往也是下班高峰期，行人、自行车和其他社会车辆，加上到学校接学生的家长，使校门口的交通拥堵十分严重，安全得不到保障。为此，学校对学生放学实行“路队”管理，采取分时间段、分年级广播导引、错峰放学等措施，使校门口的交通问题得到了有效控制：一是放学时由多名行政班子成员轮流值班，直至学生完全离校；二是学生在老师带领下列队从教室走到校门口，手递手地交给家长后方可离校；三是在校门口标识警戒线和家长车辆停放位置，禁止学生在此时（地）段逗留、打闹，有效减缓大门外的交通压力。自实施“路队”管理以来，海淀实验小学放学井然有序，学生家长也积极配合，不再随意进出校门，学生的安全得到保障了，接送学生的效率也提高了。近年来学校连续被评为“北京市小黄帽

路队先进校”。其他校区的主管领导们也是高度负责，针对空间有限和学生众多的情况，实行家长进校、统一调度、全员到位的放学方式，做到教师与家长无缝对接，保证了放学秩序和学生安全。主管后勤保障的闫主任就很有感慨：“作为后勤保障，我们所追求的目标就是把每一件平凡的事做好就是不平凡，把每一件复杂的事做简单就是不简单。”

正是因为学校始终以学生为中心，一切为了学生的健康安全着想，才赢得了社会的广泛赞誉，被家长们广为传颂的“雨中的彩虹”，就是实验精神的生动彰显。那是在初夏的某一天，天气阴晴不定，从下午开始天空就布满了乌云，闷热的天气，让步行在大街上的人都喘不过气来，都在心里嘀咕着：“如果这场大雨能够快点下下来，那真的是透心凉了！”可是，正赶往学校接孩子的家长们，心里却非常焦急：“如果晚到了，那我的孩子肯定要淋雨了！”随着放学铃声响起，孩子们还像往常一样，踩着欢快的步子在老师们的带领下来到教学楼外，叽叽喳喳，像一只只投进林子中的小燕子，等着家人来接。

“轰——”云层里一道道闪电打过，雷声在人们耳边炸开，孩子们开始惊叫起来，老师们竭力安抚他们的情绪，校门外的家长们着急了，心揪得紧紧的。就在此时，校园广播突然响了起来：“同学们，不要害怕，一定要紧跟自己的班主任，今天有中到大雨，一会儿家长们进来了，请各班班主任一定要看好自己班的学生，不要慌乱。现在，请所有老师打开伞！”

“啪，啪，啪……”恍若花开的声音，一把把美丽的彩虹大伞在老师们手中撑开，奇迹般地安抚了每一个家长的心，他们惊讶地看着教学楼外出现的一抹抹明亮的色彩。一刹那，每一个孩子的头上都绽放出了彩虹的颜色，他们紧紧地围绕在老师们的身旁，在彩虹伞下看着雨滴滑落。外面雨点密密麻麻地落下，打在头上的彩虹伞上发出“叭叭叭”的声音，伞下却只有比平时团结得更加紧密的同学和老师。天地间张开的那张大雨幕朦胧了孩子们的脸和老师们的身影，家长隔着门看见的只有那一道道美丽的彩虹。

“开校门——”老师悠扬的声音传得很远，家长们脚步匆匆却很有序，摩肩接踵却丝毫不见推搡挤压。他们与平时一样，分流到每个班级的路队区域内，与老师交接，领走自家的孩子。一把把小伞移动到大伞前，再移走，

大伞下的身影越来越少。远去的小伞下传来孩子清脆的声音："奶奶，老师真厉害，撑起来的伞有这么大！"小孙子用他胖胖的小短胳膊画了一个圆，"有宇宙那么大呢，把所有的同学都装进来了……"彩虹伞的五彩缤纷正是老师们用爱为教育涂抹上的动人色彩，让孩子们感受到了春风浩荡、晴空万里，有老师在，孩子们的世界永远不会有暴风雨的侵袭。

还记得2012年初夏某天的上午，又演绎了一个雨中的动人故事。回忆起那场暴风雨，老师们都记忆犹新。那是一个课间操时间，阳光和煦的校园上空悄然飘来了几朵乌云，但是谁也没有想到一场突如其来的狂风暴雨将会肆虐而至。天色越来越暗，沉闷的雷声不时响起，"不好，要下雨了！"正在操场看着孩子们做操的赵璐玫心头泛起一阵隐隐的不安。随着一声巨大的电闪雷鸣，豆大的雨点一瞬间就落到地面，操场上的两千多名孩子随即慌乱起来，"啊！下大雨了！怎么办？"

就在人群开始骚动的时刻，赵璐玫一个箭步冲上主席台的话筒前，用她那沉着镇定的声音说道："老师们，不要慌！同学们，也不要乱！请各班老师按照秩序迅速带领孩子们排队回到教室，以免发生意外，请体育老师们协助指挥！"短短的几句话，却重似千金，瞬间稳住了所有师生慌乱的情绪，向来训练有素、素质过硬的教师队伍立刻恢复了平时的沉着和机智，在赵璐玫的有力指挥下，迅速带领孩子们有序向教学楼内撤退。

暴风骤雨来得如此突然，孩子们惊慌失措是难免的，有的孩子甚至打算冲出班级队伍，赶快跑进教室去。"孩子们别怕，我们和你们在一起！"赵璐玫说着就冲上前去，一把搂住慌乱的孩子，看着暴雨肆无忌惮地随着风敲打在孩子们的脸上，赵璐玫一阵心疼，弯起腰用自己的身体为身下的孩子挡住暴雨的侵袭。此时的赵璐玫宛如暴风雨中的保护神，呵护着惊慌失措的孩子们，也坚定着在雨中奋战的老师们的心。当护送第一批孩子走进教学楼的大门，赵璐玫放眼回望：只见撑着伞的陈老师深深地弯着腰，把手中的红伞完全倾斜在孩子们身上，因为她个子很高，孩子又很小，她只能弓着身行走，那弯曲的身影和被暴雨浇透的薄衫浸透着的，是对孩子们无私的爱；再看李老师，她手中有伞却一直没有打开，因为和她一起走在雨中的是她的几十个孩子,她要和孩子们“风雨同舟”……看着在暴雨中有序而艰难行进的队伍，赵璐玫眼眶湿润了，一股暖流涌上心头：“这就是我们实验的老师！”当全体学生都安全地回到教室，赵璐玫心头的一块大石头终于落地：“没有发生安全事故，没有一个孩子受伤，我们做到了！”

不经历风雨，怎能见彩虹？一首《有你便是晴天》也悄然在校园里传唱起来：

一个下雨天／又一个下雨天／是谁在打着伞／送我出校园／就这样一回回／就这样一年年／老师啊老师／有你便是晴天／一张大雨伞／又一张大雨伞／美丽的像花瓣／开在我身边／就这样心里甜／就这样身上暖／老师啊老师／有你桃李满天……

这首歌，源自海淀实验小学每一个下雨天发生的真实故事，纯净质朴却宛如天籁，不仅唱出了实验学子的感恩心声，更是实验教师大爱无疆的真实写照。

宽广的怀抱

“在我心中，老师的胸怀像宽广的大海，我们就像鱼儿一样自由地遨游在老师的怀抱中，获得知识的琼浆、智慧的力量……”这是海淀实验小学学生们最真实的感受。

一封来自苏州街校区一年级学生家长的信，讲述了孩子君君艰难的求学路，更表达了君君全家人对海淀实验小学的深深谢意。

由于家庭客观原因，家长把君君送去了一所寄宿制小学。谁料想，这个决定却差点儿让孩子走偏了“航道”。开学仅一周，家长竟收到了来自学校的劝退通知：下周不要送君君来上学了！他在学校打人、破坏教学秩序，不适合在我们学校上学，你们给他转学吧！找一个一对一的私立学校……听到这个消息，全家都震惊了：曾被周围许多人称作小神童的君君怎么会是学校不能接纳的“坏孩子”呢！带着满腔的难以置信，家长和学校反复协商，却找不到解决的办法。面对学校决绝的态度，家长只能把孩子领回了家。这个打击实在是残酷，家长难以接受，孩子更接受不了。君君在家里整日地发呆、流泪，吵着要去上学，委屈地跟爸爸妈妈说：“这也不能全怪我啊，很多人抢我的鞋，到处乱踢和乱扔，我能不急吗？很多人骂我是胖子，欺负我，我能受得了吗？以后我改还不行吗？怎么也不能不叫我上学啊？”更可怕的是，有一天君君竟然跟奶奶说：“奶奶，我发现我得了一种怪病，在我脑子里总有一种声音说，‘别再打人了，别再打人了……’这种声音我控制不了，以后我会不会成为一个大傻子？”听了这些话，多年从事医务工作的奶奶心如刀绞，她知道孩子这是受了强烈的刺激，精神高度紧张而产生的幻听症。这种情况有时候一天出现好几次，有时君君会突然叫起来："奶奶，这种声音又来了……"身心俱疲的奶奶只能要求孩子的父母除了上班之外，放下手中的一切事情，多陪孩子，多开导孩子，分散他的注意力，否则留下病根，这辈子就毁了。经过全家人的努力，君君的幻听症才有所好转。

正在为孩子的教育问题一筹莫展时，看到邻居家孩子在海淀实验小学快乐读书成长的样子，君君家长的心中又燃起了希望。顺利的登记报名，让这个阴霾笼罩的家庭拨开云雾见天日。当君君家长第一次带着孩子来到海淀实验小学，并向老师们讲述孩子曲折的求学路时，老师们耐心地听着家长的话。学校张主任温柔地将孩子叫到跟前，摸着他的小脸，微笑着与他对话，然后坚定地说："这孩子挺好的，我们收了！"海淀实验小学老师们温柔、和蔼的态度，让家长感动得差点掉下泪来。

快速、高效地办好相关手续后，君君快乐地背起书包，在家长的陪伴下回到朝思暮想的校园。当得知君君被安排在教学经验丰富的老师班上时，全家明白，学校对这个"特殊"的孩子，还是给予了特别的关心与呵护的。全家不禁为学校的细心周到深深感动。从君君进入海淀实验小学那天起，家长每天都可以通过老师发来的照片、短信了解孩子在学校的表现情况，这让家长悬着的心踏实了许多。放学时，老师也会与家长当面交流孩子的情况，提醒家长如何配合学校更好地教育孩子。海淀实验小学老师们的努力付出和细致工作，家长们看在眼里，记在心上。

在海淀实验小学的快乐生活很快就过去了两个月，君君不但没有打过人，而且还多次得到老师的表扬，天真灿烂的笑容又回到了孩子的脸上。老师们对君君的评价，更是让家长喜上眉梢："这个孩子还是不错的，很聪明，进步很快，和同学们的关系也不错。"老师还告诉家长："学校领导都很关注这个孩子，经常去了解君君的情况……"每当听到孩子欢乐的笑声，君君全家都升腾起无言的喜悦：孩子能在海淀实验小学这样好的环境中学习、生活和成长，真是他的福分！那片笼罩在全家头上的阴云终于飘散得无影无踪，家长们从内心深处真挚地感谢海淀实验小学的领导和老师们对孩子无私的关爱。

《论语》有言 ：“士不可以不弘毅，任重而道远。仁以为己任，不亦重乎？死而后已，不亦远乎？”这里的“弘”表示胸怀宽广，“毅”表示意志坚定。胸怀宽广，才能承受重任 ；意志坚定，才能做好教育这份美丽的事业。海淀实验小学敞开宽广的怀抱，迎接每个孩子的到来，让孩子们在这温馨、快乐的天地间，勇敢地驰骋，自由地翱翔！

延伸阅读

家长留言

丹桂飘香，秋菊溢彩，值此教师节来临之际，我们作为贵校一名二年级学生的父母，诚挚地向全体教职工道一声：你们辛苦了！“明师之恩，诚为过于天地，重于父母多矣。”孩子因为身体原因，给学校、老师以及其他同学都带来了较多不便，也得到了特殊的呵护关爱，作为父母，我们深表感恩。

这里是孩子精神的家园。由于身体原因，孩子没能适龄接受学前教育。因此，上学既是孩子的梦想也是我们家长的期盼，在最困难的时候，是贵校接纳了我的孩子，使她有了师长，有了同学和朋友，有了精神的家园。每当看到校长和老师和善可亲的笑容，每当听到孩子回家后反复念诵校园里的快乐儿歌，我们真的很感动，很欣慰。“谁言寸草心，报得三春晖。”是贵校的人文关怀，给了孩子健康的心灵、阳光的生活，这是孩子的幸福，更是我们家长的福祉！

这里是孩子求知的殿堂。入学以来，孩子得到了无微不至的关爱和照顾。杨校长、张主任每时每刻都在关注着孩子的状况，原来的一年级班主任赵老师及其他学科的各位老师，现在二年级的班主任边老师及其他任课老师等，为孩子倾注了大量的心血，因为你们的爱和鼓励，孩子能够非常快地适应学习，并喜欢上了学校，对学习产生了兴趣，对集体充满了渴望，是你们给了孩子更加阳光灿烂的未来。感恩老师，你们让我们再次真切地感受到了为人师表的厚重，师者风范的大爱！

这里是孩子爱的乐园。因为孩子自身的原因，我们担心她和同学之间沟通不畅，甚至影响其他同学的学习和娱乐。但是事实打消了我们的顾虑，老师、家长、同学给了我的孩子满满的爱。“师道既尊，学风自善。”正是因为老师的教诲和引导，也因为其他家长的理解和慈爱，我们的孩子得到了比其他小朋友更多的关心和帮助。“爱产生爱”，爱在孩子们的心里生长，在孩子们中间传递，也在我们心间弥漫！

再次向贵校全体教职工表示深深的谢意！

乘着大爱的翅膀

实施全纳教育，这是时代的大爱。“全纳教育”是1994年6月10日在西班牙萨拉曼卡召开的“世界特殊需要教育大会”上通过的《萨拉曼卡宣言》中提出的一种新的教育理念和教育过程。它容纳所有学生，反对歧视排斥，促进积极参与，注重集体合作，满足不同需求，是一种没有排斥、没有歧视、没有分类的教育。全纳教育思想提倡普通学校要给有特殊教育需求的学生提供学习机会，容纳所有的学生。作为海淀区一所素质教育优质校，海淀实验小学不仅关注所有学生生长和发展的需求，还特别关注那些有特殊需要的学生，推进全纳教育的实施，并建立了以特殊学生群体为主要教育对象的资源教室。

“世界上没有一束鲜花不美丽，没有一个孩子不可爱，这是我们全体教师的共识。”持有国家心理咨询师二级证书和资源教师上岗证的海淀实验小学王老师感受颇多：老师尊重学生、赏识学生，抓住师生、生生之间的每一次交流中的闪光点，时常给予“点赞”，使孩子们的心灵在鼓励中得到舒展。有了这番爱的点拨，孩子们心里埋藏的一团团火种，就会熊熊燃烧起来，一旦拨动了这根心灵的琴弦，孩子们就能奏出自信自强、奋发向上的乐曲。

作为资源教室的负责老师，谈到这个“特殊”身份，王老师一直说自己很幸福。她说：“当看到这些孩子通过在资源教室有针对性的行为矫正后，慢慢变得自信、乐观、阳光，职业幸福感就会油然而生。”学校 2008 年建立资源教室，据王老师介绍，在校领导的高度重视下，资源教室在 2014 年重新改造装修，区域划分更加明确，功能设置更趋于合理。不仅硬件（沙盘、音乐减压椅、感统训练器材等）和软件（心理管理系统）专业性强，而且环境温馨美好，训练器械丰富，与心理有机结合，功能作用明显。学校还利用这些新添设备对有特殊需求的学生进行文化知识教育、缺陷补偿与矫正、感知机能训练、生活自理能力训练等。每周安排特定的时间，让需要的学生来

到资源教室，根据个别需要，制订专门的训练计划，安排有针对性的学习和训练内容，使用专业设施对学生进行个别辅导训练。

而在具体辅导训练上，在王老师看来："每个学生都是不同的，面对这些不同，更需要以全纳教育的理念和方式，通过智慧的双眼，充分利用直观教学来帮助有特殊需要的学生。创造条件尽量提供适合学习的语言环境来发展学生的学习能力，或者通过各种简单的劳动来发展他们的活动技能，逐步培养他们在群体中的适应能力。在智力活动过程中将社会文化、科学知识内化为个体自身发展的精神营养，这对他们的学习、成长，乃至今后的工作、生活都会起到有效的促进作用。"

二年级的小言，科任老师对他的评语是动作缓慢，学习能力差。通过观察，王老师发现，小言的学习特点是上课小动作多，注意力不集中，容易走神；阅读能力差，而且很难理解老师说的话；同伴关系差，没有好朋友；自理能力差，作业要在父母的看管下才能完成。根据小言的个人特点，在与任课教师及家长沟通后，王老师充分发挥资源教室的作用，在感统训练方面，为他设计了一套系列训练计划，让他定期到资源教室进行个别化训练；在改善学校教育环境方面，对其实施个别教育，鼓励其和小伙伴交流，结成学习伙伴、生活伙伴，建立他的自信心；针对他学习困难的问题，制订符合他自身需要的教育计划，帮他养成良好的学习习惯，做到循序渐进。另外，在改善家庭教育环境上，王老师非常注重和家长的交流、沟通，告诉父母要正确了解孩子的特点，善于发现孩子的优点，利用适当的表扬来激励他的学习动机，协助他养成良好的生活和学习习惯。

面对多动的小东，王老师要求他每天坚持到资源教室，进行感觉统合训练，即刺激前庭、整体感和触觉等的运动项目，针对他自身特点安排训练的项目、强度和时间。同时，鼓励小东参加集体活动，如主题班会、春游、运动会等，帮助他克服人际交往的困难，学会礼貌用语，学会与其他同学合作，激发他参加集体活动的热情。经过一个学期的咨询与训练，小东取得了可喜的进步，无论是老师还是家长都感到无比的欣慰。

由此可见，海淀实验小学建立的资源教室得到了充分使用并取得显著效果。每学年资源教师按照常规会对一年级新生进行教育教学前测，对学生情况进行评估、筛查，为有特殊需求的学生制订有针对性的教育计划，采用班级随班就读课和资源教室抽离课相结合的方式执行计划，并将执行情况作为形成性评价一并存入学生的档案中。此外，学校开设了资源教师邮箱，为有需要的师生开辟了咨询渠道；资源教师随时会向教师们推荐相关的专业文章和书刊，帮助他们增长专业知识，提高专业教学水平，并利用全体会的机会邀请专业人士对一线教师进行全纳教育的培训等。此外，海淀实验小学还十分重视资源教室课程的开发，强调理论与实践相结合，在理论的指导下开展

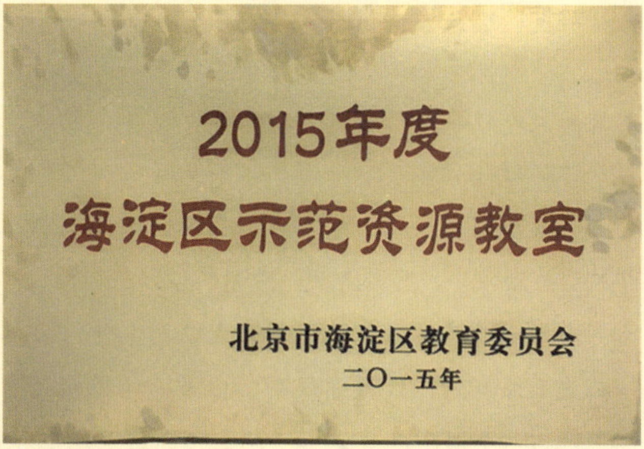

工作，推动教育实践，提高工作质量。而今，海淀实验小学通过实践与研究，逐步摸索出一套资源教室管理运作的思路和方法，使管理趋向科学化、制度化、规范化，学生的康复训练也收到了一定效果，有特殊需要的学生能够积极投入班级生活，随班安静、快乐地学习，且得到了老师和学生家长的一致认可。

让“爱”成就美好未来。爱在每个人的生命中处处存在，不可或缺。海淀实验小学关注每一个孩子的身心健康，在师生营造的“大爱”氛围下，成就孩子们美好的未来。

延伸阅读

感谢信

尊敬的教委领导：

你们好！

我是海淀区实验小学四年级奕奕同学的家长，在这里，我要衷心地感谢学校、感谢领导、感谢老师、感谢同学，感谢他们对奕奕付出的爱心与包容。

我的孩子是孤独症儿童，她无法与其他人正常交流，有时候不能控制情绪，更无法有意识地遵守规则。但是，学校以大爱之心接纳了她，并安排在胡老师班这个温暖的集体中。胡老师的班里以“和谐、和乐、和美”为班风，同学们更是以淳朴的善良对待奕奕，使孩子在集体中感到无限的温暖。每天上学就是孩子最美好的时刻。虽然她只是随班就读，无法参与课堂的学习，但是所有老师都能给予她包容和关爱。如三年级的班主任郭老师，她总是无微不至地施予关爱。还有美术张老师，他发现奕奕喜欢画画，每节美术课的课堂上总会特别关注，耐心指导，鼓励孩子，给她信心，让她画自己喜欢的画。现在，画画已经成为奕奕生活中最重要也是最快乐的事情了。

记得2015年9月，一开学，班主任换成了胡老师。胡老师敬业热情，对孩子有爱心，工作有原则，教育有方法。因为孤独症儿童很难接受新变化，孩子一下子不能适应，常常有情绪失控影响正常教学秩序的情况发生。因为胡老师从未接触过孤独症儿童，她在第一周及时与我们沟通，细致入微地向我了解孩子的具体情况，与我探讨怎样帮助孩子顺利地接纳新老师。这之后，她多方了解和自我学习有关孤独症儿童的文章，观看有关孤独症事例的影片，还专门参加了区特教中心召开的关于孤独症儿童的教学策略研讨会。在胡老师的帮助下，孩子很快调整好情绪，在课堂中能够做到愉快安静地参与适合自己的学习活动了。为了提高孩子的语言表达能力，作为语文老师，胡老师还针对孩子设计了个性化作业，送了孩子一个漂亮的日记本，鼓励孩子每天写生活日记，记录自己的成长。一个学期下来，孩子在表达中有了可喜的进步，在班级的文化墙和板报中，奕奕的画作都被放到了正中显眼的位置，还有两幅油画挂在了教室的墙壁上展示。所有这些，都给了奕奕极大的鼓励和肯定。“感谢你，在老师的生命中出现，让我了解了一个从来都未知的世界。你像谜一样的存在，有着自己独享的精神世界，那是怎样一种空间呢？你的画作，形象生动，色彩鲜艳，表达细腻，让老师赞叹不已。在生活日记中，你用朴实的话语记录了成长的收获和喜悦，也带给我无限的惊喜。为你加油！”这是胡老师在四年级第一学期给奕奕的评语，字里行间中，我们感受到胡老师浓浓的爱意和良苦用心，更有对孤独症儿童特殊教育方式的努力探索。

现在，孩子在海淀实验小学已经学习生活了将近四年，孩子每天的成长和进步，我们家长看在眼里，喜在心里。回望过去，我由衷地感谢海淀区实验小学，感谢敬业奉献诲人不倦的教师团队，感谢你们为奕奕的成长倾注了爱心与热情、汗水和智慧。作为孤独症儿童，奕奕是不幸的，但有了你们悉心的关怀和教育，奕奕又是幸福的，是你们的爱成就了奕奕更加美好的未来！

此致

敬礼！

奕奕的妈妈

给粉笔“穿衣服”

感恩，是中华民族传统美德中最可贵的品质。世间万物皆有感恩之心，落叶在风中盘旋，演绎着一段动人的舞蹈，那是落叶对哺育它的大树的感恩；花朵在园中绽放，描绘着一幅美丽的画卷，那是花朵对滋养它的泥土的感恩。在海淀实验小学办学实践中，感恩教育成了塑造孩子们成为一个完整的人的基础，成了学校长久以来积淀下来的文化基因。

赵老师班上有一个小男孩，学习成绩优异，但是他的家长却反映，有一段时间他总说同学不喜欢他，并且有些焦虑，这引起了赵老师的重视。通过对这个孩子的细致观察，并结合他的日常表现，赵老师很快就找到了原因，并在恰当的时机与这个孩子进行了深入交谈："孩子你知道吗，知识不足可以用道德弥补，道德不足却是知识弥补不了的。因此，学习成绩优异不一定会让同学们都喜欢你，要想赢得大家的认可和喜欢，必须要学会与人相处，用真诚、友善、爱心待人，凡事多检视自己的不足，多感恩他人的帮助，这样你一定能够做一个受欢迎的好孩子！"经过赵老师的一番开导和悉心帮助，小男孩渐渐明白了自身的不足及改进的方向，在日常生活中努力改正缺点，培养好习惯、塑造好性格，还把学习之外的时间投入到关心集体、关心同学的事情上。

一次偶然间，他发现老师用粉笔写字后，手总是被粉笔腐蚀得干燥脱皮，心中很受触动，觉得老师为了学生的成长真的很不容易，就想着一定要为老师做点什么，于是他想出了一个小妙招——为粉笔"穿衣服"！他把纸裁开卷成笔套套在粉笔上，并用胶带细心缠绕粘贴，粉笔穿上了一件件"小衣服"之后，老师们的手就能免受侵蚀之苦了。赵老师被他这一细心的举动深深地打动了，并在班里大力表扬他，同学们也纷纷对他投去了赞赏和羡慕的眼光。他真正体会到了当初赵老师那一番话的用意。此后，他的转变更大了，冬日里为防止大家感冒，他带来柚子皮放在暖气上，教室里飘着柚子淡淡的清香；他从家里带来空矿泉水瓶到学校接满凉水后，放到暖气上供同学们用温水洗手；他给电脑桌也穿上了衣服，以避免同学们被桌子的边角磕着……他的爱心、细心、热心得到了老师和同学们的一致认可与喜爱，他再也没有因为人际关系而苦恼。

有爱便有感恩，赵老师和小男孩的故事在海淀实验小学的校园里时时在上演，在老师们爱的阳光雨露滋润下，感恩已成为一道永恒的风景：曾经爱发脾气的孩子懂事了，用积攒下来的零花钱给妈妈送上母亲节的礼物，写下满满的爱与祝福；曾经不谙世事的孩子细心了，为嗓子不适的老师悄悄拿来

家里的小药箱，还贴心地叮嘱“老师，吃完药就不咳嗽了”；每到各种节日，孩子们都会用稚嫩的笔迹书写卡片或绘画，向老师们表达感激与祝福；每学年隆重的新生入学欢迎仪式和感人至深的毕业典礼上，师生深情拥抱，让人观之动容；当长年在校门口护送孩子们进校、放学的老警官高宝来罹患重症时，孩子们都自发地捐出自己的零花钱，向可敬的高爷爷献上自己的拳拳心意和感恩之情；在中国西南地区遭遇百年特大旱灾时，孩子们在校园里自发组织节水宣传，还从家里拿来自己的存钱罐，共同为西南地区捐款……谁言寸草心，报得三春晖。在一点一滴的感恩教育中，海淀实验小学的孩子们已经将感恩之心内化为一种可贵品质、一种自觉追求，在传递爱、回报爱的路上，让自己的人生和这个世界变得更加温暖和美好……

延伸阅读

2015 年“做党和人民满意的‘四有’教师”

海淀区庆祝第 31 个教师节大会献词

忘不了——

那个旭日东升的早上，

那个丹桂飘香的金秋。

第一天上学的我，

踟蹰在学校门口。
是您，老师！
微笑着向我走来，
轻轻拍拍我的肩头，
亲切地拉起我的小手……

忘不了——
引人入胜的每一节课，
作业本上的每一个对钩。
我心如期盼开垦的田园，
在滋养中日胜一日，繁盛富有。
是您，老师！
用知识奠定前行的道路，
无私地将本领传授，
成就我们的梦想与追求！

忘不了——
被粉笔染白的双鬓，
灯光彻夜闪烁的窗口。
孜孜不倦的教诲，
汇集成沁人心脾的暖流。
是您，老师！
用心血哺育幼苗成长，
把阳光雨露播撒在心头，
让我们如鸟儿般幸福啁啾……
让我们如鱼儿般快乐遨游……
丹桂披锦绣，金秋硕果香；

海淀百业兴，教育谱华章。
我们赞美老师的崇高理想，
它如颐和园的铜牛，
坚定不移、深情守望，
激励我们将美好中国梦担在肩上。
我们赞美老师的品质高尚，
它如昆明湖的水，
厚德载物、源远流长，
激励我们将传统美德追求、弘扬。
我们赞美老师的学识修养，
它如中关村的雕塑，
内蕴深厚、积聚力量，
激励我们用知识真理启智、导航。
我们赞美老师的博爱善良，
它如香炉峰的红叶，
深沉炙热、绚烂激昂，
激励我们用一片赤诚播撒温暖，传递正能量！

四有教师，民族希望，
托举起建设祖国的栋梁；
一支粉笔，三尺讲台，
谱写出海淀教育的辉煌；
十年树木，百年树人，
昭示着民族的振兴与富强！

又是一年金风送爽，
又是一年稻粟飘香，

又是一年硕果累累，

又是一年桃李芬芳。

在第 31 个教师节到来之际，让我们共同祝愿：

海淀教育蒸蒸日上！

伟大祖国再书华章！

全体老师工作顺利、身体健康！

老师，你们辛苦了！

我们的高爷爷不曾离去

历经半个世纪风雨洗礼的海淀实验小学，其学风、教风和校风赢得了来自各个方面的肯定和赞誉，也让学校周围更多的人爱上这所学校，关心这所学校，关爱这所学校的孩子们。或许正是因为在海淀实验小学这片有爱的教育沃土上，才孕育了我们的“时代楷模”——高宝来警官。

说到社区民警高宝来爷爷，他是时代的楷模，是爱岗敬业的典范，也是实验人心中永远的“英雄”。谈到海淀实验小学的安全守护神——高宝来爷爷，老师们说起来总是满满的敬仰、不舍和思念。

2011 年 1 月，高宝来被选任为北京市公安局首批驻区民警，工作范围在海淀实验小学一带。他在上任之初，做的第一件事就是破解辖区内上下学高峰时段交通拥堵的难题。海淀实验小学花园村校区处于三环路边这一特殊的地理位置，大量的社会车辆形成车流，周边各大单位和院校形成密集的人群，加上海淀实验小学接送孩子车辆的临时停靠，使得学校门前的道路交通情况在早晚高峰时段经常出现拥堵。看着大人和孩子在车流中穿梭，人车混行险象环生，高宝来心想，如果学校门前有一个让家长信任的人护送孩子，车辆就能即停即走，这样就可以缓解秩序混乱的状况。

就是这样一个简单的想法，让高宝来从那时起每天 6：30 来到学校门前，护送孩子们安全入校。为了提高效率，高宝来总是主动帮家长拉开车门接下孩子。起初，有些家长不理解他的做法，渐渐地，高宝来所表现出的耐心细致、坚持不懈和校门前秩序的明显改观，使这位热心的老民警得到了大家的认可，随之他还有了一个新的称呼：警察爷爷。

平日里，拉开车门、接送孩子、关上车门，再把孩子送到安全地带，每接送一个孩子，动作娴熟的高宝来只需要 7 秒，却让车辆停留时间大大缩短。雨天，他把伞撑在孩子头上，宁可自己被淋透；雪天，他早早地来到学校门前清扫积雪，生怕孩子滑倒……可以说，警察爷爷从没空过一班岗，学校老师早就把他当成了家人，家长和孩子们更是把他当成了亲人。一个孩子曾在作文中写道："爱，是可以传递的，每天清晨，高爷爷无数次地为我们拉开车门，就把那份爱无声无息地传到了大家的心灵深处……"

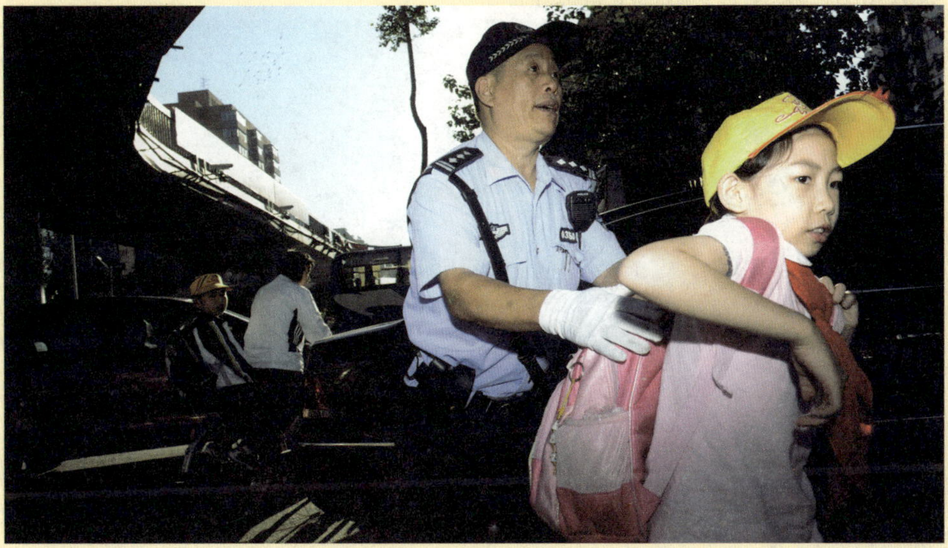

生活总是让人猝不及防，2015 年春节期间，还坚守在工作岗位上的高宝来由于身体不适被医院诊断为肺癌晚期，“警察爷爷病了！”海淀实验小学师生闻知高爷爷的治疗需要高额的化疗费用，再加上他的家庭并不富裕，学校立即组织师生开展了“好人一生平安”的爱心捐款活动，共筹集捐款 36.4 万元。孩子们写下祝福语，制作千纸鹤，有的孩子画了高爷爷辛勤工作时的场景，还有的孩子写了想念爷爷的文章，高爷爷在治疗期间，手机上经常会收到来自学校师生的祝福短信……高爷爷的病情牵动着每一个实验人的心。

然而，仅仅三个月后，高宝来同志还是永远地离开了他心爱的岗位，离开了牵挂着他的孩子们……2015 年 5 月 26 日清晨 6：50，载着高爷爷遗体的灵车缓缓驶过了海淀实验小学门前。路边，孩子们手捧白花，举着“爷爷永远活在我们心中”的横幅，和数百名民警、教师、家长一起为高爷爷送行，敬队礼的一双双小手迟迟不肯放下！

在孩子们心中，警察爷爷不曾离去。虽然高宝来走了，但由他创立的流动岗却一直被传承。如今，"高宝来爱民服务岗"创建工作正在全市迅速开展。"宝来精神"也将在首都五万公安民警的心中薪火相传。2015 年 6 月 23 日，在海淀实验小学花园村校区校门前，海淀公安分局局长、海淀实验小学赵璐玫校长共同为"高宝来爱民服务岗"揭牌。同时，北京市公安局在全市各区县挂牌启动了第一批 56 个"高宝来爱民服务岗"，以实际行动传承"宝来精神"。截至目前，北京市"高宝来爱民服务岗"总数已达 203 个。

"老高的岗位我们来站。"时任北京市公安局海淀分局局长握着赵璐玫的手这样承诺，"高宝来岗"永远不会空缺……随着高宝来感人事迹的传开，自 2016 年 8 月 24 日开始，中央和北京市属新闻媒体集中报道高宝来同志的先进事迹。新华社播发通讯《"孩子眼中的警察爷爷"》，《法制日报》刊载通讯《每天穿梭马路几百次护送学生上学——追忆"警察爷爷"高宝来》，中国警察网特别策划《时代楷模高宝来》栏目全面上线。《光明日报》刊载通讯《做人民群众的贴心人》，《人民公安报》在头版头条发表通讯《繁星中，你是最温暖的那一颗》……特别是《人民日报》刊载通讯《把平凡做到极致》，并发表评论《首都需要宝来精神》，把高宝来同志的崇高精神提炼为满腔热情为人民服务的精神，公安干警大无畏的担当精神，敢于直面新矛盾、善于依法管理的创新精神。正是宝来精神在各行各业的影响，在 2016 年 8 月 26 日晚，中央电视台在第一套节目《时代楷模发布厅》发布高宝来获评时代楷模的消息。

提到高宝来警官留给大家的精神财富，作为北京市公安局系统高宝来事迹宣讲团成员之一、海淀实验小学负责宣传工作的马主任十分动容地说道："作为高爷爷事迹的宣讲员，他的故事首先感动了我，我又感动了别人。讲了这么多场，每一场都有人落泪。每一场我都会落泪。每讲一场，我就越能感受到高爷爷当时的心情。到底是什么在鼓舞着他做这些事情？是老一辈身上的雷锋精神，是那种愿意奉献、愿意为人民多做好事的精神！"

高宝来喜欢说："一个警察就像一棵树，扎根在哪儿，就要撑起一片天，为百姓遮风挡雨。”高宝来正是用学习雷锋，奉献一生的信念；用扎根一方，造福一方的执着；用一定把孩子们安全地送进校门的真情大爱感动了与他接触的每一个人。高宝来留给我们的，是这个时代最需要的精神。也正是这种精神的熏陶与浸润，让海淀实验小学的孩子们懂得感恩，知道传递爱。从班级捐款到学校捐款，从学校带着孩子们通过写信、画画到班级制作手抄报、开班会纪念高爷爷，孩子们在活动中感悟大爱，学会感恩。赵璐玫说：“作为多年的一线教育工作者，我深深感受到，我们海淀实验小学的孩子们之所以拥有一种发自内心的快乐，那是因为在探索和实施素质教育的过程中，我们着意将爱与善植根于孩子们的内心深处，让孩子们懂得爱自己的校园，爱自己的老师，爱自己的同学，爱自己的父母和亲友，善待他人，学会分享，心怀感恩。”

“上学路上你要走好啦！妈妈的嘱托你还记得吗？来来往往车辆多，不要贪玩耍。红灯、绿灯、斑马线，你都懂得吗？放学的路上你要走好啦！老

师的嘱托你还记得吗？警察叔叔在指挥，你要听他话。爸爸妈妈等着你平安地回家。拉着我的手，你就别害怕。陪你走过风和雨，心里暖暖的。拉着我的手，你就别害怕，陪你走过冬和夏，盼你快长大。”在 2015 年《北京榜样》的录制现场，这首由海淀实验小学学生演唱的《牵着我的手你就别害怕》感动了无数人，他们用真挚动人的旋律唱出了赵璐玫的话“孩子们永远记着他们的警察爷爷”。如今，在高宝来爷爷无私奉献精神的感召下，海淀实验小学所彰显的大爱情怀愈发厚重，形成了“你中有我，我中有你”的育人新境。

延伸阅读

关键的“7 秒”

——赵璐玫在《北京榜样》宣读颁奖词

大家好，我是海淀实验小学校长赵璐玫，今晚我们一起走进《北京榜样》。我们小学的驻区民警，名叫高宝来。每天早晚上下学的时候，他都会到学校门口，迎接孩子进出校门。从拉开家长的车门，到引领孩子上下车一般只需要7秒钟，而正是这数以百万计的7秒钟，让学校门前的交通拥堵得到缓解；正是这数以百万计的7秒钟，给数千名孩子的家长送去了平安与放心。5年多的时间，宝来同志一直坚守这个不属于他分内职务的岗位，风雨无阻。2015年5月，无情的病魔夺走了孩子们最爱的警察爷爷的生命。今天，我和孩子们一起来到现场，我想要告诉宝来同志，您是我们心中永远的“北京榜样”，您是孩子们心中永远的“警察爷爷”！

/二/　爱是智慧，是力量

爱是智慧和力量的源泉。

爱可以传递爱，还能创造爱。对学生，爱是立场，是境界，它传递文明、创造文明，也升华文明。海淀实验小学的老师们爱学生，而且会爱学生，会科学地爱学生，他们用智慧的爱开启心灵的对话、情感的沟通、思想的碰撞，从而帮学生积蓄成长的力量。

同呼吸　共命运

群雁高飞共致远，铿锵和鸣彻长天。为了“办好人民满意的教育”的共同愿景，实验人组成积极进取、蓬勃向上的“雁阵”，奋力展翅、冲上云霄，

一路高飞一路歌，在教育的浩瀚长空留下一串串动人的印记……

孟子曰："所谓故国者，非谓有乔木之谓也，有世臣之谓也。"对于一所学校而言，真正的办学灵魂并不在于有多少大楼，而在于拥有多少大师。可以说，教师的品质在一定程度上决定教育的品质，教师通过传道、授业、解惑，传递着知识、智慧与品格，直接关系着学生的成长、教育的发展。教师将青春与热血都奉献给了学生，但在职业之外，他们也有自己的家庭，需要承担家庭的责任：爸爸，妈妈，儿子，女儿，哥哥，姐姐……有时候工作与家庭难免产生冲突，让他们应接不暇。要想让老师们安心工作，人文关怀是不可或缺的。

作为一名女性，一名从普通教师成长为校长的女性，赵璐玫深知老师们的艰难，她希望能够在自己能力所及的范围内尽量为教师们解决后顾之忧，为他们营造良好的工作环境。出于职业习惯，赵璐玫特别关心教师子女的教育问题。王老师脾气急，面对班上的学生还能压得住火，可对自家孩子就没那么客气了。赵璐玫知道后，常与王老师谈心，与她交流带孩子的经验，教她保持平和的心情，并将个人著作《个性化养育：每个孩子都是美好的》一书赠予王老师。张老师的女儿将要小升初时，海淀区重新划片，张老师为这事整整头疼了两个月，终于忍不住给赵璐玫发去短信进行询问。不到五分钟，赵璐玫就回了长长的信息。瞬间，张老师感动得泪流满面，不仅仅是因为孩子上学的事得到了解决，更因为对赵璐玫的不尽感激。徐老师的孩子从海淀实验小学毕业后考入了海淀某中学，离家较远，上下放学接送不便，赵璐玫得知后，想尽办法将徐老师家的孩子转到了离家近的学校，让徐老师能够安心上班……"这样的事情不知道有多少。"王老师说，赵璐玫总能急人之所急。一次，王老师的孩子患病，相关医院却缺少所需药品，急得王老师哭了几天。赵路玫得知后马上找到王老师，并说："药我给你想办法，工作上的事也别担心，我们会安排好！"王老师说，至今她也忘不了赵璐玫跟她说这句话时的表情，想来"神兵天降"也不过如此了。作为大龄未婚女青年，教体育的高老师在谈到赵璐玫对她的关心时说，赵璐玫最关心的就是她的个人问题，托了几位老教师帮忙留意身边有没有合适的人选。说到这儿，她脸上带着些不好意思，但眼中又充满感激，因为只有家人才会切实地关心这些事。

演员奥黛丽·赫本曾说："如果你在任何时候需要一只手来帮助你，你可以在自己每条手臂的末端找到它。随着你的成长，你会发现你有两只手，一只用来帮助自己，另一只用来帮助别人。"同王老师、高老师一样，还有许许多多的实验人守望相助，这是出于"家人"的本能。在海淀实验小学，这种本能与每个人息息相关。"我天生就有被爱的需求，同时还有个更强烈的需求——给予爱。"实验人在集体的交融与个体的独立中，取得了微妙的平衡，这种平衡散发着和谐的光芒。

边老师对此也是深有感触。自她担任教学主任以来，就从日常听课中了解老师们的教学理念和特点，同骨干老师和新手老师沟通交流，了解老师们的困惑和想法，有了这些作为支撑，边老师开始组建团队，从研究教材、了解学生入手，以小课题为载体，探索团队校本教研的模式。边老师介绍说，团队的组成是根据任务性质来确定的，成员不固定，但是一定有骨干教师做引领，同时也重视新老师的想法。每一次教学活动，都是团队凝心聚力的契机；每一次常态教研，都是思想的打磨。从组建到发展，这支团队融合着，

更闪耀着每个个体的光辉。让边老师印象深刻的2012年“世纪杯”大赛中，选手们不分年级、不分校区，自发地走在一起，共同研究、互相启迪。作为一名年轻的班主任，张老师深深感受到她的专业成长离不开有爱的实验团队。“精神的引领，和谐的氛围，人文的关怀，合理的搭配”，这就是海淀实验小学多年来形成的传统，他们不是亲人胜似亲人，朝着一个共同的方向努力。这就是赵璐玫所说的“雁阵”管理。在赵璐玫看来,无论秋日还是春天，南飞北归的雁群都是天空中一道独特的风景，它们有着相同的目标、明确的分工、有序的组合、协作的精神，即使旅程漫长、风雨载途，但最终都能成功地到达目的地，这就是大雁的智慧。正是源于这个灵感，赵璐玫一直致力于“雁阵”管理文化的探索与实践，用一种渗透着人本精神的管理方式，打造了一支精锐的干部教师队伍，使学校的教育事业不断焕发出蓬勃的生机与活力。

同样，赵璐玫的人格魅力和做人做事风格也影响着海淀实验小学这支教育团队。很多老师说，在学校里赵璐玫总是来得很早，走得很迟的人，每天的工作日程都排得满满的，不是办公室人来人往，就是她去“探访班情”。各科的教研组、各年级的教室、足球场、篮球场、图书馆、专业教室，甚至是传达室、厨房，都有她的身影。毫无疑问，赵璐玫不是把自己放在那个高高在上的校长位置上，而是置身于教师、职员、工友和学生之间。用老师们的一句话来说就是：“她不仅熟悉每一个人，而且对每一个人的家庭生活情况也有一定的了解。”为生病的老师送去安慰，为新来的老师带去鼓励，为迷茫的老师指引方向，为陷入困境的老师提供帮助……老师的亲人生病，是她有求必应，联系医院；老师带领学生出国比赛，是她忙碌组织、精心打点，用一个个温暖的拥抱完成心与心的托付；老师们集体备课，是她出谋划策、真情鼓励，用一句句热切的问候让老师们虽挑灯夜战却感受到阳光般的温暖；老师工作有困难、有阻碍，是她面带微笑，将正能量播撒到每一位老师心头……学校、老师、学生，都是赵璐玫心之所系、情之所牵。“每当想起那些画面，赵校长对学校、对老师、对学生挚诚的爱都让我感叹。请允许我称她为‘爱的天使’吧！”一位老师这样说道。

500天与15公里每天

在海淀区这块钟灵毓秀的土地上，绵延着一条与长城共享荣光的皇家御道——昆玉河。就在这秀美旖旎的昆玉河之畔，有一方智慧与灵秀所在，它就是海淀实验小学。有人说，建筑是无声的历史，是凝固的旋律，在潜移默化地影响着人的精神空间。半个世纪的岁月，海淀实验小学也通过无声的建筑，诉说着学校历史发展中生生不息的故事，演绎着一代代实验人爱心无限、薪火相传的学校文化和教育情怀。

作为海淀实验小学四个校区之一的苏州街校区，校园占地面积8300平方米，有宽敞明亮的教学楼、温馨舒适的宿舍楼，以及四百米跑道的操场。一到春秋两季，这里还会成为市、区中小学生田径及足球比赛的赛场。学校利用一流的硬件设施，为每个学生搭建不同的发展平台，努力开设第二课堂，陆续成立了足球、田径、垒球等十余个兴趣小组。兴趣班的成立丰富了学生的课余生活，也使学生学在其中，乐在其中。曾经存在了十年的寄宿部是实验小学苏州街分校的重要组成部分。学校十分重视学生的生活管理，以学生发展为本，注重制度管理。学生宿舍内有空调，每层设浴室。房屋整洁舒适，宽敞的餐厅可容纳几百人进餐。学生在住宿部轻松愉快地学习，健康地成长，并能在集体生活中学会做人，学会交流，学会学习，学会生活。而这座新的学习乐园的改建却来之不易，精雕细刻的建筑中透露着实验人的智慧，闪烁着耀眼的光芒，其改建背后的故事更让师生和家长们记忆犹新。

2005 年，海淀实验小学苏州街校区正式成立，同时在这里有了寄宿部。2012 年，鉴于苏州街校区现有的校舍和硬件设施已无法满足学生和学校发展的需要，同时为了改变住宿和教学同用一幢楼的现状，合理规划学生学习和生活区域，从保障学生安全的角度出发，学校决定改扩建现有教学楼。这一消息让全校师生们欢欣鼓舞："我们要有新教室啦！""改建之后的教育环境肯定会有大改善！"但是同时，巨大的难题也摆在了大家的面前：教学楼整体翻修加固至少得要一年半时间，由于多方面的原因，教委一时也无法安排和解决苏州街校区 800 多名孩子学习的问题。那么孩子们在哪里上课？课堂教学和教学质量如何保证？

那一天的会议室里灯火通明，天色已晚，大家却是七嘴八舌意犹未尽，各种不同观点来回交锋，各种不同方案来回讨论，一时难以做出决断。最后还是赵璐玫用一贯温和而坚定的声音说道："苏州街校区的教学楼翻建势在必行，因为这将是一项惠及全体师生，惠及学校未来长远发展的工程。学生是我们的学生，学校是大家的学校，我们可不可以让花园村校区和阜成路校区做出一些牺牲和贡献，让苏州街校区的学生们到这两个校区来上课，咱们自己来化解学校的发展矛盾？"赵璐玫的启发令大家茅塞顿开，也让大家热血沸腾："是啊，我们总说海淀实验小学是相亲相爱的一家人，现在不正应该敞开怀抱接纳苏州街校区的学生们，大家一起共渡难关吗？"于是，为了保证 800 余名学生的正常学习，花园村和阜成路两个校区让出专业教室，开发活动房，热情地迎接苏州街校区的孩子们。

教室问题解决了，教育教学可以保证正常运行了，但是另一个大麻烦接踵而至：苏州街校区的孩子们大都是就近划片入学，从家里到学校的路程用不了半小时，因为校区的变化，一天往返可能得花上一两个小时，孩子们辛苦不说，对家长来说也会成为负担。接送问题怎么解决？不少家长一听说这个方案，纷纷表示了自己的担忧。是啊，教育教学从来就不仅仅是学校、教

师和学生的事情，家长也是重要的一环。现在的工作节奏都很快，让家长比平时早一个多小时接送孩子，确实不方便。有句话说的是："只要思想不滑坡，办法总比困难多。"考虑到家长和学生的交通问题，大家再次灵光一现，不如由学校统一安排班车接送孩子上下学。虽然一路护送增加了老师的负担，但是却能将家长们从繁重的接送压力中解脱出来，同时保障了孩子们上下学的安全。

就这样，接送孩子的二十辆班车如同一条长龙，每天早晚行驶在北京西三环宽阔的大道上，行程 15 公里往返接送，有干部轮流值班，有教师跟车管理，成了一道亮丽的风景线。在晨曦与晚霞的交替中，实验人践行着无私奉献勇敢追梦的精神；在辛苦与欢笑的轮换中，教师们昭示着教育虽艰辛但苦中又有乐的大爱情怀。蓦然回首，成长的路上已留下了海淀实验小学教师们的一串串脚印，每一串脚印，都是一个美好的回忆。沿途千万滴汗水的付出，方能成

就一路美景相伴。在苏州街校区教学楼翻建的500多天里，海淀实验小学的教师们管生活、抓学习、保安全，使家长从最初的怨怼指责转变为后来的感激备至，教师用爱的力量逐渐赢得了家长的理解和认可，最终平稳顺利地度过了这一特殊时期。是海淀实验小学可敬的老师们用仁爱之心与敬业之行，在学校发展壮大的美丽画卷上又添上了浓墨重彩的一笔。

“我们实验人顶着来自各方面的质疑和压力，每天几十辆班车往返于苏州街校区和阜成路以及花园村校区。工作量之重、难度之大可想而知，但是所有班子成员没有任何抱怨，牢牢把安全记心间，带领全体教师义无反顾地无私奉献。海淀实验小学真的是一支非常能战斗的团队，团结一心，其利断金。”回想起校园改建的日日夜夜，苏州街校区的“当家人”杨奕校长深有感触地回忆道。就是这行走在教育大路上的老师们，在流光溢彩的实验舞台上，正演绎着生命的精彩，彰显着蓬勃的生机与活力。

校园又有新变化

校园环境对学生的影响和教育是全面的、有效的、潜在的，走进海淀实验小学的校园，总有一股浓郁的人文和现代气息扑面而来，郁郁葱葱的松柏点缀在红色的教学楼之中，与湛蓝的天空相互映衬，充满了诗情画意与勃勃生机，伴着莺鸣雀和，孩子们琅琅的读书声悠然飘来，这就是一座极具文化品位的真善美的学苑。

校园环境建设是构建校园文化的前提和基础，它感染、熏陶、激励着广大师生对真善美的向往与追求，是学校形象外在的、物化的呈现形式。海淀实验小学依托厚重的文化底蕴，立足“童趣、人文、现代、和谐”的原则，因地制宜建构各个校区的特色环境，精心打造出诗情化、艺术化、人性化的校园文化品位，使师生沐浴在优质的校园文化中健康地成长发展。为了让校园环境与学校办学理念达到和谐统一，海淀实验小学按照“遵循育人规律，体现核心价值，弘扬学校传统，彰显办学特色”的文化建设思路，因地制宜地对四校区进行统一规划与设计，有机地将艺术美、环境美、文化美融为一体，营造出文化底蕴深厚、艺术氛围浓郁的现代化校园。

“九月份开学后，我升入了三年级。上学的第一天，我兴高采烈地背着书包来到学校。我发现学校楼廊外围多了许多漂亮的新图案。这些图案五彩缤纷、引人注目。放眼望去，就如同走进了童话世界。瞧！高大的墙面上错落有致地画着大大小小、各种各样的图案：有洁白的云朵、茂密的树丛、绽放的花朵、翩翩起舞的蝴蝶、乖巧的兔子、可爱的小朋友……”这是阜成路校区的小云同学在作文《我发现》中对校园新变化的描绘，字里行间流露出

她对校园环境变化的欣喜与热爱。

其实，这是海淀实验小学暑假实施的校园文化建设工程之一，在花园村校区、苏州街校区、北洼路校区同样都有新变化，这些工程早在前一年就开始紧锣密鼓地筹备了。为了凸显学校的特色与文化，也为了让孩子们生活学习的空间能够更加舒适美观，赵璐玫决定对校园环境进行一次大改造。由马

书记牵头、以全校美术教师为主体的校园文化工作室，根据四个校区的特点，与相关的设计公司合作，制定了建设方案，为每个校区都设计了文化主题——阜成路校区“童趣本真”，苏州街校区“书香静美”，花园村校区“自然崇善”，北洼路校区“清雅精致”。把整个校园环境建设为办学理念最直观、最生动的展示平台，力图让学校的每一面墙说话，每一处景观生情，每一个角落育人，使校园成为促进师生心灵健康和精神成长的家园和乐园。

待得百花成蜜后，为伊辛苦为伊甜。为了这美丽的校园环境，学校的领导和相关部门不知付出了多少努力和汗水。设计方案一经定稿，学校总务后勤部门就开始沟通施工方案，等到来年开春，副校长与各校区的后勤主任们就连轴转，盘桓于大大小小的协调会中，反复磨合，争取暑假一到马上施工。2015 年的这个暑假，四个校区都需要施工改造，虽然忙碌，但是工作都在有条不紊地推进。每周一上午十点是工程协调会，由至少四家施工方经理、各个相关的主管主任、主管校长开会，一是总结上周施工出现的问题，尤其是安全上的，如工人没戴安全帽等；二是解决各个施工方的协调衔接问题，如一号楼，第一支工程队负责土建，第二支工程队负责四白落地，第三支工程队负责地面施工，这些都需要在周一的会议上解决，必须确保工期完成，精

确到天，精确到小时。四十多天的暑假，后勤白主任在各个校区之间来回奔波，几乎没有休息过一天，但是一开学看到孩子们欣喜的目光，白主任说：“一切的辛苦都是值得的！”

特别值得一提的是，花园村校区、阜成路校区和北洼路校区由于校园面积狭小，没有配备教职工餐厅，老师们只能拿着饭盒到食堂打饭，回来就在办公室吃。赵璐玫看在眼中，急在心里，默默地将为老师们建食堂的事提上

了日程。在 2015 年暑假校园改造之际，在赵璐玫的统筹指挥下，学校大力挖潜，克服了一直以来的空间紧张困难，在三个校区新建了设施完备的教职工餐厅，环境优雅的餐厅成了老师们休憩、沟通的港湾，食堂师傅花样翻新、健康可口的菜式更是得到了老师们的交口称赞。而对于北洼路食堂的改建，在老师们眼中看来更是个奇迹！北洼路校区是在 2015 年 5 月才并入海淀实验小学的，7 月初赵璐玫就将北洼路校区食堂建设的资金申请到位，暑假立刻开始施工，9 月建成使用，这样的效率可以说是绝无仅有。很多老师回忆说："北洼路校区融入之后，赵璐玫就带着行政班子多次过来深入了解校园环境状况。"得知北洼路校区的老师和同学们都还在吃营养餐公司配送的盒饭之后，赵璐玫立刻表示一定要在开学之前让师生们在餐厅吃饭，有自己的食堂，不再吃外送快餐。起初大家都对此表示疑虑，原因无他——北洼路校区实在太小了。但是在赵璐玫的运筹帷幄下，食堂位置硬是挤出来了，餐厅位置也挤出来了，北洼路校区的师生们每天中午终于吃上了热乎乎的营养饭菜了。说到这些，赵璐玫只是莞尔一笑，她说，"我们力求打造促进师生身心健康发展的校园环境，让他们在这里能够快乐学习、快乐工作，这就是我最大的幸福！"

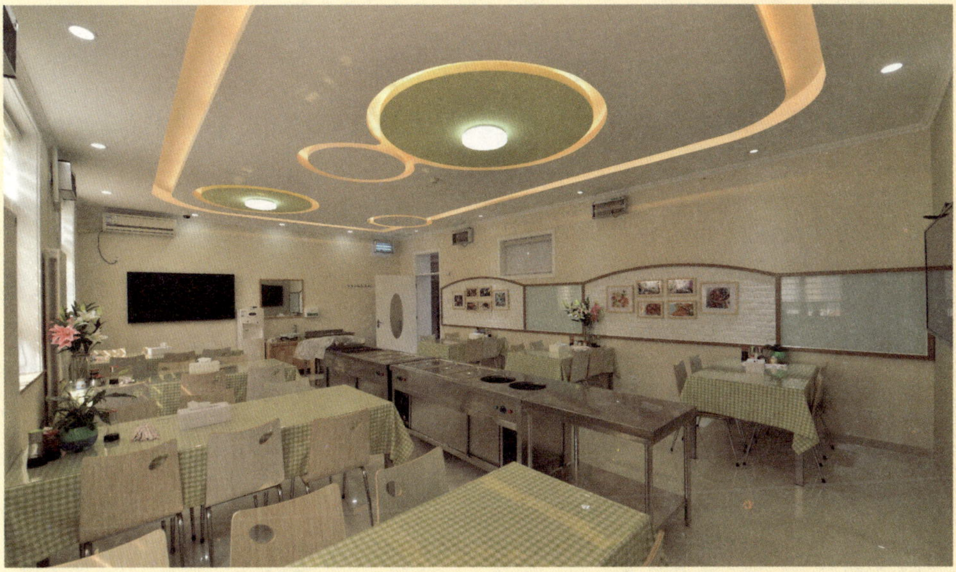

由于海淀实验小学校园文化建设独特的设计理念、因地制宜的校区布局、优美实用的环境景观，得到了市区领导的充分肯定，更吸引了来自外区县的领导，以及厦门、兰州、河北等全国各地的校长及老师们来校参观考察。目前，学校文化建设取得了丰硕成果，通过成果展示和经验交流，既扩大了学校的影响力，也有利于进一步提升校园文化建设品位，在“四个十”工程中，学校被评为“海淀区小学校园环境最具品味学校”，还获得了“海淀区小学校园环境先进校”的荣誉。

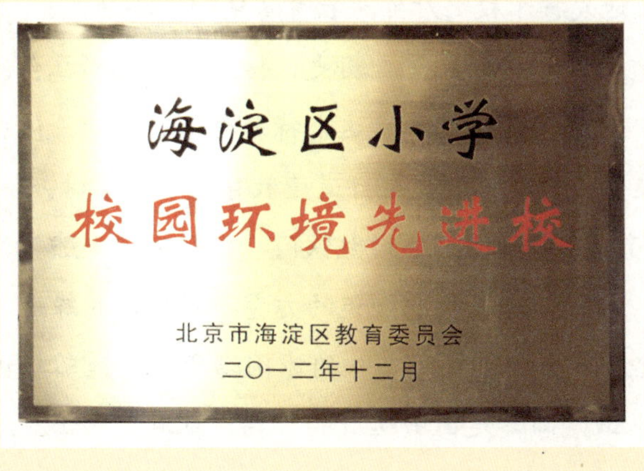

延伸阅读

用“真善美”为校园添彩

一直以来，海淀实验小学高度重视校园环境的建设，在“守真、从善、修美”的核心价值引领下，努力打造独具个性的特色校园文化。

校史厅是学校研究和产生思想、汲取和形成精神、积淀和创造文化的摇篮，是学校传统与校园文化的集中表现的舞台，是将学校的优良传统与校园文化精粹充分展示的场所。为了充分发挥校史厅的巨大教育作用，海淀实验小学把校史厅纳入学校整体建设，针对学校人文环境进行了精心设计，以充分体现学校办学历史、办学理念、办学特色和办学成果。

校史厅位于花园村校区艺术楼内，展厅通过实物、图片和电子屏等各种形式展示了学校的发展历史，展现了学校的办学过程和不同时期学校的面貌，还陈列着学校教育教学成果及荣誉，充分展示了学校办学特色和校园文化精粹。校史厅的建设，促进了海淀实验小学传承和发扬优良的教育教学传统，有利于学校不断积淀校园文化、创新校园文化和形成办学特色。学校定期组织相关的教育活动，如参观校史厅、为校史厅建设建言献策等，让校史厅成为师生成长的土壤，极大地发挥了校史厅作为教育基地的重要功能。

校园雕塑与所有校园物质景观一样，积淀着历史、传统、文化和社会的价值，是物化了的精神载体，它集中反映了学校这个特定群体的道德价值观和审美取向，体现了学校的文化底蕴，是学校进行道德教育的重要素材。

花园村校区的围墙中段巧用“书形门”替换大铁门，门柱为书形雕塑，体现学校的内涵：打开书门，入校读书，获取知识的力量。在校园的绿地上再加上雕塑“水幕书山”，成为学生“观景明志”的休闲场所。这座雕塑依水幕的构造顺势围绕半弧形书山，山路是由书组成的阶梯，刻有“书山有路勤为径”的励志古诗，水幕右上角刻有篆体字“源头活水”，字的组合使学生明了读书的基本内涵。这些雕塑体现了全校师生共同追求的美好愿景，让师生从中领会学校文化的设计思想、态度、情感和价值观，起到了潜移默化的教育作用。

校园文化墙是学校文化气息的汇合处，融知识性、教育性和艺术性于一体。“让每一面墙说话”是我们对校园文化墙的构思起点。学校立足墙壁，打好教育的人文底色，对学校的墙壁进行文化着装。

花园村校区教学楼楼道的文化墙以“绿色、国学、人本、科技”四大概念为基调，将经典与现代、人文与绿色有机结合，格调高雅，寓意深刻。从一层到四层的楼道顶部灯池分别装置了以“春、夏、秋、冬”为主题的风景图片，生动、典雅，有较高的文化品位。学生在学校享受四年教育（注：花园村校区主要为中高年级，有 3~6 年级）如同花开四季，生机勃发。

阜成路校区主要是低年级学生，让校园充满童趣，让孩子真心喜欢，是阜成校区校园文化设计的基本出发点。教学楼内部空间颜色设计清新而富有童话色彩，形式活泼、有趣。墙上还特为低年级孩子开辟了一些互动功能区，如可以量身高的以动物图案为背景的“身高”柱等，富有童趣，符合儿童心理，孩子们经常驻足于此量身高，比个头，快乐无比。

苏州街校区教学楼文化墙主题涉及幸福成长、快乐成长、绿色成长、艺术家园、幸福乐园五大理念。每层设计造型各具特色，全部紧紧围绕绿色、成长、树木几个元素，将这些基本元素打散后重组，诠释了“十年树木，百年树人”的最核心和最基本的办学理念。

学校在大力推进校园文化建设的同时，充分利用校园广播站、电视台、校园网络、LED 大屏等途径，向师生、家长、社会进行学校文化建设的宣传展示，开展形式多样的宣传活动。同时，学校还经常接受来自不同市区同行的参观学习，学校电视台会制作相关短片，利用试听这种最直观的手段接受检查与参观，从而也很好地起到了宣传学校的作用。

相亲相爱的一家人

有缘才能相聚，有心才会珍惜……海淀实验小学的老师们是“相亲相爱的一家人”。大家相互尊重、相互包容，共同营造、共同享有着幸福、和谐的学习、工作家园。

中华文明源远流长，家庭观念在中国传统文化中具有重要的地位。古人“修身、齐家、治国、平天下”“家和万事兴”等家国思想世代传承，充满仁爱与温暖。在海淀实验小学，赵璐玫努力创造温馨的家园，让老师们在这里不仅是工作，还享有诗意的教育生活。学校定期组织开展常态化的教工文体活动，缓解教师的身心压力；关心困难职工和离退休职工，逢年过节开展送温暖活动；急人之所难，为教师们解决停车和子女就学等问题……这些，

无不体现出以情动人、以爱暖心的管理理念。学校对教师的关爱、尊重和信任，唤起了教师对学校高度的责任心和使命感，恪尽职守、爱岗敬业的实验人忘我付出、彼此扶持，共同谱写着一个又一个动人的故事。

2015年的春天，随着海淀教育综合改革的推进，北洼路小学正式并入海淀实验小学，成了海淀实验小学北洼路校区。对于海淀实验小学来说，这是一件非常平常的事情，因为之前几所小学并入，都实现了很好的融合。但是，这一消息却在北洼路小学掀起了不小的波澜，各种声音和思绪如雨落荷塘般乍起乍落。有的老师心里不踏实："在北洼路小学工作了十多年，对学校还是有感情的，合并之后，我的岗位怎么办？"有的老师悄悄有了自己的小心思："北洼路小学和海淀实验小学，师资、生源情况都很不一样，自己的教课方式还能不能适应？自己能顺利融入吗？"退休的老教师们也有顾虑："两校合并后，大家的退休生活怎么安排？谁来组织活动？"……真可谓"心似双丝网，中有千千结"。面对北洼路小学教师们的愁肠百结，赵璐玫看在眼中，想在心上。如何让老师们打消疑虑、安心工作？如何让北洼路小学实现平稳过渡，得到快速发展？如何让北洼路小学师生认同海淀实验小学的校园文化，真正成为相亲相爱的一家人？

赵璐玫在北洼路校区召开的第一次全体教师会就带给了大家耳目一新的感受，她展示出了温润如玉、柔性管理的别样风采。在北洼路小学工作了五年的陈老师对那次教师会记忆犹新：会议一开始，身着一身优雅套装的赵璐玫大踏步走上讲台，看上去是那么干练、优雅而又富有涵养。会上，赵璐玫没有读一份文件、说一句套话，而是实实在在地谈教育、谈发展，讲话条分缕析、循循善诱，让大家甚为佩服。而且，赵璐玫时间观念特别强，说讲几分钟就讲几分钟，不拖沓、不重复，还用了一句名言结尾，画龙点睛，激起了大家内心积极向上的劲头！“这位校长真有水平！弱不禁风的小女人外表下蕴藏着如此的大智慧！”这就是陈老师对赵璐玫的第一印象。在之后一年多的相处中，陈老师更进一步感受到赵璐玫对全体师生春风化雨、无微不至的关心与爱护。赵璐玫常常特意过来跟老师谈心，“过渡期怎么样？”“合并后的教学方式适应了吗？”“最近家里都还好吧？有什么困难就跟学校说！”……一句句关怀的话语、一个个和蔼的微笑都让大家感受到融融暖意。两校合并之前，陈老师因为身体不好，一直在休病假。并入海淀实验小学后没多久，陈老师在一次大会上和赵璐玫偶遇，没想到赵璐玫亲切地走上来打招呼，关切地问：“陈老师，我知道你之前身体不太好，现在恢复得怎么样了？工作会不会感到压力大？”看着赵璐玫那笑眯眯的眼睛，一股暖流和感动涌上心头，全校有四百多位老师，校长竟然能够记住自己的名字，了解自己的情况，真是太感动、太温暖了！生病之前，陈老师一直教数学、当班主任，病好后，还是希望领导能够体谅自己的身体状况，争取教一个班的数学，别再当班主任了。没想到她自己还没来得及说出口，赵璐玫就拉着她的手说：“老师的身心健康同样重要，我们会考虑你的实际困难！”“啊，太谢谢校长了！”陈老师激动地说道。“这有什么可谢的？我最在乎的，就是老师们工作起来是不是愉快，你们高兴就是我的快乐！”还有一次，陈老师的教研安排和课时安排发生了冲突，向赵璐玫反映了情况后，问题很快就得到了解决。“领导办事效率真高啊！”陈老师心悦诚服地为赵璐玫竖起了大拇指。

对于年轻的美术教师刘老师来说，两校合并让她感受最深的则是老师们精益求精、拼搏奋进的教研精神，以及求善求美、爱满天下的教育情怀。学校为老师们提供了很多机会，支持大家多学习、多研究、多交流。一次说课活动中，刘老师在同组张老师的帮助下磨课，两人常常在探讨中碰撞出智慧的火花，虽几易其稿，张老师仍是不厌其烦、细致负责。当刘老师向张老师表达谢意时，张老师却笑着摆摆手说："不用客气！好好干！有什么问题咱们以后多探讨。"在海淀实验小学，刘老师不仅感受到来自大家的关心与支持，也找准了自己发展的方向，获得了前进的动力。在师带徒，青年教师沙龙活动中，大家思维碰撞，互相激励，共同成长。在这样的氛围中，刘老师更加严格地要求自己，鼓励自己向老教师们学习："在这样的环境中，人是不甘懈怠的，看到自己与其他老师的差距时，你会努力地迎头赶上，心中有一种强烈的主人翁意识，真心实意地把学校当作自己的家，发自内心地希望学校越来越好！"

"窥一斑而知全豹。"北洼路小学融入海淀实验小学大家庭的事例充分体现出，管理是一门艺术。无论是学校发展还是日常教学，都离不开管理这门艺术。海淀实验小学的管理精髓不在管，而在理；不是强制，而是理清、理顺、理活。也就是，发现不和谐、解决不和谐，进而达到和谐。所以，海

淀实验小学的领导干部们无意于苍白的空头说教，而是常常用“讲故事”的方式将“我是谁”“我们是谁”“我们向何处去”进行巧妙阐释，使管理变得温情脉脉，而又独具奇效。平日里，校长在教职工全体会上娓娓道来的、干部们下教研组悉心传达的并不是什么高深的大道理，而是学校这个大家庭里一些柴米油盐、家长里短的小事，或赞扬或称道，或针砭或提醒，或倾诉或解释，对于故事中的寓意和领导的良苦用心，老师们在低眉颔首和会心一笑之中早已心领神会。这种朴实无华却又充满智慧的方式，使每一位实验人都深受鼓舞，并形成对学校管理文化的强烈认同，从而达到“自觉完善，愉悦成长”的愿景。正如许多老师所感慨的那样：“赵校长真诚坦然地谈论教育追求和梦想，没有粉饰，没有夸大，我们听着她真诚地讲述，像是在品一杯春茶，越品越有味道。”“赵校长很真实、很智慧、很生动，给我们的不仅是施展才华的空间，更是亲人般的关怀。这种人格魅力，影响着我们团队的每一个人。”

赵璐玫曾经把学校比作一棵大树——每一个人都生活在大树遮天蔽日的浓荫下，但为了让这棵树永远茂盛，每一个人又不能只站在树荫下仰望，而是要用自己的心血去浇灌这棵大树，让它永远枝繁叶茂、硕果累累。每每想起这个动情的比喻，实验人的脸上都会浮现出幸福的笑容：“每个人都会遇到困难，但只要想到在前方引领着大家的校长，心里都会觉得特别踏实！即使再苦再累，也愿意发挥自己的光和热！”海淀实验小学是一个大家庭，大家同舟共济，用相知相守换地久天长。

延伸阅读

家长留言

学校开运动会那天去接儿子，老远就看到孩子兴奋的笑脸，心想孩子是被运动会的热烈气氛所感染，也可能是参加赛跑小有成绩而开心。于是等着听他炫耀一番。谁知儿子一上车迫不及待说的是：“妈妈，校长跟我握手了，你没有想到吧！”孩子红扑扑的小脸上难掩一份骄傲和自豪，还有一些得意。

作为母亲，望着儿子的兴奋，能猜测的都猜测了，唯独没有猜到儿子的兴奋是因为校长跟他握手了。随后，儿子开始跟我讲运动会的开幕式是多么隆重，各种比赛是多么精彩，讲到主席台上的领导为他们鼓掌，讲到老师们穿梭在运动场上忙碌的身影，讲到他们班表演的节目超级棒，讲到同学们的呐喊和喝彩，甚至还讲到中午的面包和火腿比家里的好吃……儿子滔滔不绝地讲着，我在孩子的讲述中分享着他的兴奋和快乐，最后孩子说：“我参加六十米短跑决赛取得了名次，校长给取得名次的同学发奖，还跟我们握手了，以后我一定要做个优秀的学生，成绩好，纪律也好，因为校长和我握手了啊！”孩子这时候的眼睛亮晶晶的，那种自豪和自信让人无法不被感染，不被感动。

一个九岁孩子的世界很简单，在他眼中，家和学校几乎是生活的大部分了。在家里，爸爸妈妈为他撑起爱的天空；在学校，老师、同学和校长是他的全部，所以我很理解儿子跟校长握手后的兴奋。也相信对于九岁的他来说，校长跟他握手一定比世界上的某位名人跟他握手更重要！但是我更感动的是，赵校长在学校管理过程中的处处以人为本，弯下身来和孩子站在一个高度交流的教育理念。正是这种交流，拉近了老师与孩子的距离，这是一种心与心的距离啊！正是这种走近，激发了孩子积极向上的意识，让孩子意识到自己要做一个优秀的小学生。我是一位母亲，也是一名教育工作者，我相信对儿子来说这次握手一定比一万次刻意的说教更能起到教育的作用。

我不会遗憾没有用相机拍摄到那极具教育意义的时刻，因为我坚信，那轻轻地一握已经深深地定格在孩子的记忆里，陪伴着孩子的成长，激励着他做一名实验小学的优秀学生。经年后再回首，依然会是他成长路上一道靓丽的风景线。

别担心，没事

“别担心，没事”是赵璐玫的口头禅，这句简单的话语却承载了她“仁者爱人”的情怀，饱含着她对每一位老师的深切关爱。

“因为一直以来追寻着梦想，我才活出了自我。”人生的价值是什么，这是古往今来许多哲学家苦苦追索的问题，东野圭吾在《解忧杂货店》一书中通过击剑运动员静子小姐的感谢信表达出了自己的想法——是梦想支撑着她实现人生价值，成为一个为社会做出独特贡献的人。对于赵璐玫来说，她也一直追寻着自己的教育梦想，带领着一群志同道合的教育工作者共同在立德树人之路上殚精竭虑、甘之如饴。在海淀实验小学的老师们心中，赵璐玫就是一个坚实的后盾，无论遇到什么问题，在她手中总能迎刃而解；无论遇到什么麻烦，她总能从容不迫地为你遮风挡雨，一句“别担心，没事”无数次地抚慰着老师们的心。在他们看来，三楼的校长室就是属于海淀实验小学的“解忧杂货店”。

关心，是一种善良；如何关心，却是一种智慧。正如浪矢爷爷在给每一个前来咨询的人回信时，都需绞尽脑汁地思考如何将这份关心恰到好处地呈现，让每一个接收者都能感受到自己的诚意。赵璐玫也是用她的实际行动真正将她的心意传递给每一个老师，她始终是发自内心地帮助每个人，永远都是在给老师们“卸包袱”。所以，在海淀实验小学这个大家庭中，大家心往一处想，劲儿往一处使，只要听到赵璐玫那句“别担心，没事”，内心就会涌动起绵延不绝的爱的力量。

苏州街校区的王老师在一次大教研组会议结束之后返回家中，突然兜里的手机响了，她打开短信一看："小王，你今天怎么了，我看你脸色不太好。"余光一瞥，发件人那栏赫然写着"校长"那熟悉而又亲切的两个字，王老师眼泛泪花，几次要回短信，却都因泪水模糊了眼眶而作罢。母亲离世，身体不适，工作压力大，近三个月来都压在她的心头，可是她习惯了独自承受，从未向学校请过假，也从来没有对其他人说起过。她以为，只要不说出来，除了自己的家人，还有谁能看出来呢，赵璐玫的细心和关爱一下子将她心中的冰雪融成了暖暖的春水。体育组的白老师刚动完腰椎手术回到学校，赵璐玫立刻就请体育组的其他老师帮忙与他调课，将他原本执教的运动量较大的高年级体育课调整成了中年级稍微轻松点的课；五十周年校庆演出缺少后台场务，即使工作繁重、人手匮乏，赵璐玫还是体谅白老师的身体状况，当机立断让他留守学校，并温声劝他留守"大本营"的任务也很重要，为他卸下心理包袱。

"请你始终坚信这一点，坚信到生命的最后一刻。"这句话同样出自《解忧杂货店》，是三个未来的人对"鱼店音乐家"的诚挚建议，信任自己，直到生命的最后一刻；也信任他人，直到生命的最后一刻。信任像一根根火柴，可以点亮一片夜空；信任像一片片绿叶，可以装点一个季节；信任像一朵朵浪花，可以飞溅起整个海洋。在赵璐玫看来，信任是连接人与人心灵之间最好的桥梁，在海淀实验小学有一个不成文的规定，只要老师们愿意，就可以和校长“谈天说地”，请校长答疑解惑，在有任何突发情况的第一时间，都能够放心大胆地走进校长办公室，因为他们知道，赵璐玫那句“别担心，没事”，传递了对老师的充分信任，表达了对大家的深切关怀。

刘老师班上发生过一件意外的事，有个学生在放学的时候居然偷偷躲了起来，既没有参加课后一小时，也没有加入放学的路队回家。家长没有接到孩子，特别着急，但刘老师当天下午没有在学校，而是出去参加了一个活动，不清楚具体的情况，打电话给其他的老师，他们也不知道孩子在哪儿。刘老师感到非常不安与焦急，在安抚家长的同时，赶紧给赵璐玫打电话，她听完情况后，从容淡定地说，“别担心，没事。有门卫看护，她跑不出学校，不出半小时，这孩子肯定会自己出来。”果然，不久后，孩子就出现在了校门口，原来她与妈妈闹了些小别扭，不想回家，但又没法出学校，于是偷偷躲在了游泳馆后，大家心里悬着的石头终于落地。正是基于对孩子的了解与对学校安全管理的信任，赵璐玫“预知”了这一切，相信学校的保安，相信刘老师的教育，也理解家长的心情，才使得事情圆满解决。

体育组袁老师带的学生在课上不小心磕着了，当时没有什么事，但孩子毕业两年后，家长却找到了学校索赔。突然遇到这样的事情，袁老师一下子就感到六神无主了。赵璐玫得知此事后就找到袁老师，给他吃了颗定心丸：“小袁，没事，你好好上课，我来解决。”安慰袁老师的同时，赵璐玫并没有单纯地袒护他，而是从他那里了解具体情况后，找到那个家长进行了推心置腹的长谈，要求家长出具相关的身体情况证明，并对当时发生的情况做出了合理解释，也对这个孩子的成长和发展表达了非常热切的关注，经过一番深入交流，终于化解了家长心里对学校的怨怼，一个棘手问题就在赵璐玫的轻言细语中得到了妥善解决。事后，赵璐玫还不忘告诉所有的体育老师们：“体育课是学生最容易发生意外的课程，体育老师必须以高度的责任感管理好课堂；同时，体育运动本身难免会有些肢体碰撞，即使做了保护措施，也有可能出现磕着碰着的情况，但你们心里不要有负担，只管好好上课，学校始终相信你们！”

“别担心，没事”，多么朴实却又饱含真情的一句话，但正是这“别担心”三个字，让赵璐玫以关爱作空气、真诚作阳光、信任作雨露，润泽了海淀实验小学这片和谐温馨的教育沃土。

一二三四五

教育家陶行知先生说过：“真的教育是心心相印的活动，唯独从心里发出的，才能打到心的深处。”离开了爱，一切教育都无从谈起。贴近学生心灵，关注内在情感，通过情境管理激发潜力的教育，才是育人的最高境界。

班主任是学校管理的核心力量，是教育内涵发展、提质增效的原动力。在学校教育教学管理、全面推进素质教育中，具有特殊的地位和独特的作用。班主任还是学校对学生进行思想道德教育和管理的骨干力量，在学校教育网络体系中处于关键环节，在学生全面健康成长的过程中起着导引作用。

班主任负责协调本班各科的教学和学校与家庭、社会教育之间的沟通，是构建“三位一体”教育格局的纽带和桥梁。因此，班主任的教育观念、工作方式、意识能力都对学生有深刻的影响。从一定意义上说，班主任队伍的素质和水平，是提升优质教育，尤其是实现班级德育工作优化的重要因素。建设一支观念新、能力强、数量足、素质高的班主任队伍，是一所学校打造品牌、塑造形象、健康发展的重要基础。我们常说，一个好校长就是一所好学校。实践证明，一个好的班主任同样就是一个好班级，一批好的班主任就能塑造一所品牌学校。

班主任身上的担子重、心中的压力大，工作中需要更多的理解和支持。赵璐玫也曾是一名班主任，她忘不了这个工作岗位崇高责任背后的艰辛，并且能够重新对班主任工作进行思考和审视，在倾听、理解、支持班主任工作的同时，鼓励、帮助他们不断提升，使他们尽快成长为有智慧、有担当的优秀班主任。

班主任们遇到困难时，总愿意踏进那个温馨的校长室，与赵璐玫坐上片刻，听她条理清晰地剖析着“一二三四五”，然后心中总会豁然开朗，棘手的问题也能够迎刃而解。赵璐玫说，欢迎老师们到办公室来找我，有问题，

大家一起解决。敞开门来帮助教师成长，解决教师实际问题，这是校长了解班主任所需所想的重要举措。花园村校区的刘老师曾经苦恼所带的学生太过活跃而推开了校长室的门。赵璐玫耐心了解了情况后，首先站在班主任的立场对刘老师的难处表示理解，接着就为刘老师分析出“一二三四五”的解决策略：一是思想上，要让孩子们意识到他们成长了，需要遵守规矩。每天早晨给孩子们播放一些弟子规的动画，诵读一些优美的文章，结合班上的具体问题点拨一下孩子们，什么场合应该守规矩，什么场合可以活跃。二是环境上，特别是班级文化建设，思维活跃的班集体所在的教室应该将主色调换成淡蓝色或绿色，让孩子们安静下来。三是……随着校长娓娓道来的朴实话语，刘老师频频点头。离开前，刘老师对赵璐玫说：“我不敢保证这个班会带得多好，但是我会竭尽全力。”直到现在，赵璐玫还会定期找刘老师谈话，问问有什么新问题、新情况，这也让刘老师心里暖洋洋的。

不仅是“请进来”，赵璐玫还要“走出去”。她常忙里偷闲走到校园里去，跟孩子们聊聊天、谈谈心。秉承“一切为了孩子”的信念，赵璐玫的心始终与孩子们在一起，也与所有的班主任的心发生共鸣。这让赵璐玫无论是在校长的工作立场上还是普通老师爱生如子的情怀中，都能以最务实的态度和最实际的行动来支持班主任老师的工作，这也让海淀实验小学班主任心中始终怀着一颗赤诚的爱投入教书育人这项伟大事业中。

此外，为了开阔老师们的眼界，赵璐玫还开启了海淀实验小学版的“百家讲坛”：请部队专家为老师们讲时事、军事历史；请气象专家为老师们增进天文知识；请礼仪专家来为老师们打造形象；还别开生面地举行每两年一届的“班主任基本功大赛”，后来还拓展为全校教师参与的基本功大赛……老师们真正做到了“人在学校里，遥知天下事”，对事物的见解更加深刻了，上课的素材也丰富起来。教师们的眼界开阔了、知识面拓展了，也更容易调动学生的学习兴趣。学生乐学、教师乐教，在这样的良性循环中，教师们积极进取、勤奋工作，努力在平凡的岗位上实现自己的人生价值，为学校的建设和发展做出更大的贡献。不仅如此，有些班主任还开始学习校长的风格，在本班的班会上开起了讲座，邀请家长当辅导员，给孩子们上课。这种生动活泼的教育方式，得到了家长的积极响应，也获得了学生的广泛好评。

古希腊著名哲学家泰戈尔曾说过："不是槌的打击，乃是水的载歌载舞，使鹅卵石臻于完美。"一二三四五，让我们看到了智慧、温和的校长。赵璐玫仿佛是邻家的大姐，带着亲切的笑容手把手地帮助你，这个过程非常舒服自然；又仿佛是人生的导师，睿智而清醒地为你分析问题……有人说管理风格是多种多样的，但对于海淀实验小学的教师们而言，说起"一二三四五"来的赵璐玫应当是最可亲的。

"不容易"背后的智慧

作为一所名校、大校，在办学过程中同样会遇到很多"不容易""不理解"，特别面对一些所谓牵涉到自己孩子"利益"、影响自己孩子成长的问题，家长对校方的质疑和责难总是纷至沓来，实验人用自己独到的智慧和洞察力，通过润物细无声的教育，用自己的"不容易"有效化解了家长的"不理解"，赢得了家长的信任和支持，真正成为一所拥有高贵品质的小学。

"对于家长的合理需求，我们一定尽力满足。"党委书记马春亚主抓阜成路校区工作，对于如何与家长沟通并形成合力，她有自己的理解。

一天，学校收到了一封家长来信。赵璐玫缓缓打开信封，认真读完信的内容，无声地叹了一口气。这封从市督学办转过来的家长来信，主要反映的是四年级某班有一个比较特殊的孩子，名叫小刚，由于性格行为的不当给其他同学的学习带来了困扰。在信中，家长的言辞激烈，态度也很强硬，大有如果不开除小刚，就要"给学校点颜色看看"的架势。海淀实验小学的干部非常明白，对于学生既要因材施教又要有教无类，要保证每一个孩子读书的权利，也要全力做好家长思想工作，充分发挥家校合作的育人效应。

每个实验人不仅是这样想的，也是这样做的。班级出现特殊的孩子对于任何学校，任何班级都是麻烦事。可是，在海淀实验小学，老师们会给这样的孩子无微不至的关怀，悦纳和包容这样的孩子，还与孩子的家长进行有效的沟通。就如信中所说的小刚，其实班主任早已正式向学校反映了这个孩子的情况，小刚确实有在课上喊叫，课下严重打闹，易激惹，难于控制情绪的问题。处理不好，不仅影响自己的学业，也容易对其他学生造成伤害。学校经常召开任课教师会，了解小刚课上课下的表现。大家达成共识，任课教师要因材施教，并对他在课堂上多给予关注；对小刚多次进行教育、疏导。安排相关干部全程跟踪和积极引导，负责安全的干部及时了解小刚在校表现，以保证发生问题的第一时间及时把控；教学干部进入课堂跟踪观察，德育主任积极干预班级管理，全面掌握小刚的日常表现。同时做好其他学生家长的思想工作，获得他们的理解和支持。与此同时，学校领导、班主任与该生家

长多次交流孩子的教育问题，为家长提供多种教育方法及建议，并与家长达成阶段性努力目标——努力营造温暖、关爱的家庭氛围，让孩子学会有效控制情绪。

正是这种细致入微的教育，慢慢得到了全体家长的理解与认同。有些家长就说道："这样的孩子更需要我们的爱。我们都是为人父母，将心比心，要包容这个孩子，还应该告诉我们的孩子要一起帮助他。""从全体家长怨声载道、个别家长反对小刚在这个班级，到后来多数家长能教育自己的孩子与小刚交朋友，这一转变的过程，真的太不容易了！"马书记反复地说道。其实，作为校长，赵璐玫对于这样的"不容易"也深有感触：一方面班主任和每个任课教师关爱矫正孩子的问题，另一方面还要做好其他家长的工作，以获得所有人的理解和支持，其中的艰辛和不容易只有亲身经历才能体会到。这其中有与人沟通的技巧，有运用恰当的教育智慧，有为化解矛盾而积极引导所做的大量工作，让爱遍地开花，在校园传承和延续。

马书记还谈到，海淀实验小学充分利用自己爱的智慧，轻松化解了各种问题和矛盾。这不，2016年刚刚投入使用的阜成路校区北楼也是经历了不少的风波，在装修期间，部分家长对待"环保"的质疑声就在不断地出现。正如马书记所说："我们非常理解家长的心情，请大家相信，我们在工作中一定不会忽视学生的健康，这是永远要放在首位的问题。"确实，为了这次教学楼的装修，海淀实验小学下足了功夫，所选建材绝对要是最绿色、最环保的，而工程质量检测也先后邀请了三家不同的国家级检测机构进行监测，请家长代表全程跟踪，让科学权威的数据来说话。甚至工程刚刚竣工，就特意邀请家长们走进装饰一新的教室，让他们看一看环境，摸一摸石材，闻一闻气味，真正感受实验人的"良苦用心"。通过多方面的检测和家长们的实地考察，实验人沉着应对，晓之以理，动之以情，有理有据的做相关家长的思想工作，让家长的态度发生了可喜的变化，家长被海淀实验小学为了每个孩子的健康成长所付出的大量心血而深深地感动。

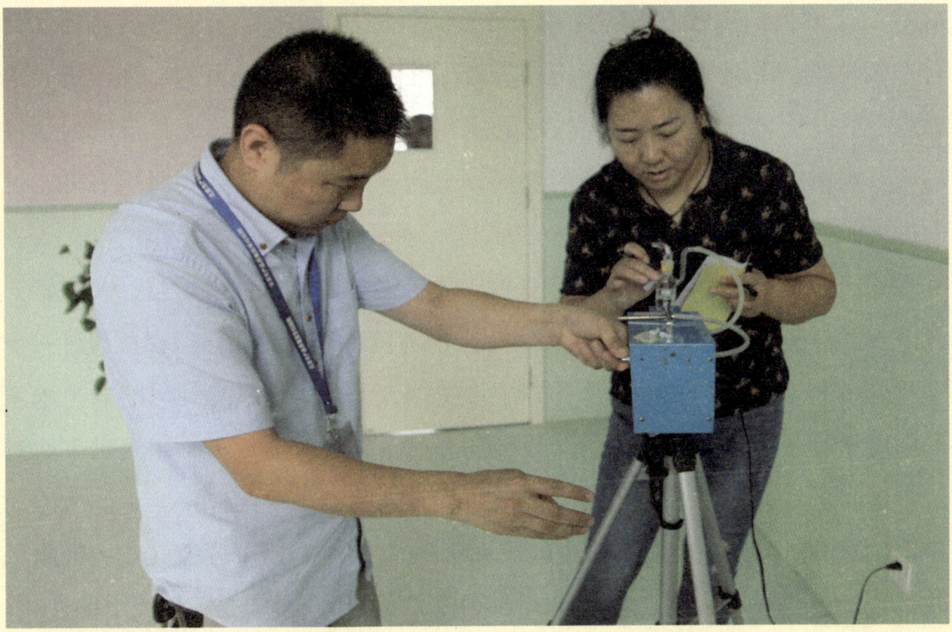

“耿耿园丁意，拳拳育人心；身于幽谷处，孕育兰花香。”教师左手传道，右手育人，教师的爱是成功教育的原动力。工作中种种“不容易”的化解，彰显的是海淀实验小学种种爱的智慧。与赵璐玫的接触中，可以看到许多闪烁着智慧光芒的做法，其中不仅蕴含着管理的艺术，更体现了她对学校管理中人性问题的深刻理解与把握。

我们的教育还有诗和远方

生活不止眼前的苟且，还有诗和远方……

2016 年 3 月 29 日，一场别开生面的教师学习活动在海淀实验小学花园村校区礼堂举行。这次学习活动的主题为“如椽巨笔，谱就不朽的动人弦歌；三尺讲台，坚守心中的诗和远方”。活动没有如一般的学习活动那样，台上领导讲、下面教师听，而是以观看河北卫视《穿越经典之<赤子丹心铸忠魂——纪念艺术大师阎肃>》纪录片和《感动中国》颁奖典礼节选为学习内容，没有开场白，没有多余的套话，全体教师齐聚一堂，共同感悟可亲可敬的大师阎肃一生对艺术的坚守与执着。

通过观看纪录片，教师们了解了《敢问路在何方》《雾里看花》《江姐》《万事如意》《说唱脸谱》等许多广为传颂的艺术佳作的创作历程，透过一个个精彩的艺术作品，教师们感受到了一位以人民艺术为终身理想的老艺术家的深厚情怀。在观看的过程中，教师们时而落泪，时而欢笑，用泪水表达对阎肃老师的缅怀与不舍，用欢笑表达对阎肃老师的敬仰与称赞。正如《感动中国》对阎肃老师的颁奖词所说的那样：“一个兵，一条路，一颗心，一面旗。阎肃正是用一片丹心，一腔热血，一身正气，鼓舞和激励着一代代中国人。”看完纪录片后，赵璐玫激励老师们认真学习阎肃老师对理想的执念与坚守，于三尺讲台上，于平凡的工作岗位中，坚守教育工作者心中的诗和远方，共同书写实验小学立德树人的新篇章。

这样的特色学习活动在海淀实验小学并不为奇，而是作为一项学习传统一直在坚持。学校每年都会组织教师观看《感动中国》颁奖晚会、教师节专场晚会、主旋律电影等，这些影视作品中传递的关于“真善美”的正能量，为教师坚定理想信念、锤炼师德师风提供了巨大的精神动力。正如赵璐玫所说的：“我们在不断完善常规教育管理机制的同时，更注重刚性制度约束基础之上

的柔性引导，促使显性的教育转化为教师内在的师德自觉。我们会对每次的学习活动进行精心编排，不只是校长讲话，更多的是于无声中对教师们产生心灵的影响，这样的学习效果才是深远持久的。”

年轻的徐教师自从来到海淀实验小学的大家庭，无时无刻不感受到，无论是对可爱的孩子们还是对全体教职工们，赵璐玫既像一位慈爱的母亲，又像一位知心的姐姐，既是一位威严的长者，又是一个亲切的朋友。赵璐玫从来不会说什么枯燥的理论、冗长的官话，常常是一个睿智的眼神，一个随和的笑容，一个有趣的故事，就能将工作中的难题一一化解，将教育智慧春风化雨般融入大家的心田。至今徐老师仍对自己第一次参加全体教师会的情景记忆犹新。当时她在想，这全体会估计又是老师们坐在下面听校长念念文件、讲讲理论吧，能有什么新鲜的内容呢？待坐定下来，徐老师看见讲台上的赵璐玫就是一副平和自若的样子，她的声音轻柔和美，她的脸上笑意盈盈：“老师们，下午好。我相信在座的每一位老师和我一样，心中充盈着感动的旋律。在上一学年的教育教学工作中，各位老师都在全心全意地付出，努力维护着我们海淀实验小学的荣誉。希望在日复一日的教育活动中，我们能少

一些说教，多一些沟通，让润物无声的教育产生潜移默化的巨大力量……”赵璐玫一席话如清风吹拂流水，如明月点亮山峦，在徐老师的心海泛起阵阵涟漪。当她还在上一段话的思绪纷飞之中，只听见赵璐玫又用那惯常清亮悦耳的声音娓娓道来：“今天的教师会，我想和大家分享几个小故事。”“嘿，真新鲜！教师会不念文件，却讲故事，这还真是第一次经历！”徐老师心里涌起一阵新奇。在接下来的一个多小时里，赵璐玫讲“蝌蚪妈妈”的故事，老师们被马连君老师的“师者大爱”深深感动；讲汶川地震中“断翅雄鹰”张米亚老师的故事，让老师们思索着教师肩负的重大责任；讲学校金帆艺术团成长前行的故事，老师们心中燃烧起强烈的责任心和集体荣誉感……一个个富有智慧、震撼心灵的故事让徐老师心潮澎湃、感慨良多。“好了，今天的教师会就分享到这里。各位老师如果有什么问题，什么感触，可以私下再找我聊，随时欢迎。”随着赵璐玫短短的两句结束语，徐老师才发现近两个小时的全体教师会竟然过得如此之快，赵璐玫的故事还没听够，怎么就结束了呢？之后的每次教师会，徐老师总会早早地到场，就是为了能够坐在前排倾听赵璐玫那些动人的故事。

一面是“讲故事”来凝聚人心，另一面用自己的亲身经历来感染老师，这便是赵璐玫独特的“管理心经”。还记得在刚登上讲台不久的一次语文课上，张老师请一位同学站起来回答问题，没想到孩子竟然连昨天自己讲了好几遍的一个问题都回答错了，她有些失望地说：“回答得不对。昨天讲过好几遍的问题，怎么又忘了呢？你先坐下，听听别的同学是怎么回答的！”这一幕恰好被经过窗外的赵璐玫看见了，但她什么也没说，就悄悄地离开了。过了几天，一次课间操刚结束，张老师在楼道里碰到了赵路玫，只见赵路玫笑眯眯地走过来，问了问她这几天上课的感受，然后轻声说道：“你前几天的语文课我去听了，讲得很好，孩子们也都很认真。但我有一点小建议，有时候孩子的内心是非常细腻脆弱的，可能老师一个愠怒的表情，一句失望的话语，就会在他的心上刻下一道难以磨灭的伤痕。我当年也是从一个年轻老师走过来的，很理解你当时的心情，但是随着多年的经验积累，我渐渐明白了，对于进步比较慢的孩子，我们要学会尽量控制自己的情绪，在课堂上以表扬和鼓励为主，因为当众批评可能会伤害孩子的自尊心和自信心。如果要批评，我们可以私下跟孩子谈，问清楚犯错的缘由，效果可能更好。你觉得呢？”看着赵璐玫关切的双眼，张老师百感交集：校长说的对啊，自己当时确实没控制好情绪。校长本来可以当众指出自己的错误，或者当天就告诉自己，但是却选择这样的时机这样的场合，不也正是在照顾自己的自尊心吗？“校长，您说得对，我当时确实没有想到，以后一定注意！”张老师重重地点了点头。“我相信你，上课去吧！”赵璐玫笑着拍了拍张老师的肩膀，此时她深刻地意识到了，每一个有待成长的孩子，教师不要试图去驯化他们，不要刻意去抹平孩子之间的差异性，而应该更多地引导、唤醒、激励他们在自己的人生道路上快乐地前行。

“生活不止眼前的苟且，还有诗和远方的田野，你赤手空拳来到人世间，为找到那片海不顾一切……”一曲许巍的《生活不止眼前的苟且》结束了一次特色的教师集体学习活动，老师们蓦然感到赵璐玫所推崇的教育不就是希望“生活不止眼前的苟且，还有诗和远方”吗？是啊，不忘初心，不愿苟且，方能远行。作为一名教师，一定要永远记得心中的诗和远方，记得自己为什么出发……

智慧共享　创新育人

智慧来自于创新。教育的对象是不断发展变化的人，这就决定了教师工作必须要有创造性，智慧型教师不但要有创新意识、创新精神，还要有创新思维、创新能力，善于在自己的教育教学实践中不断发展和完善自己，善于反思，勇于否定自我，不断出新，走出属于自己的一条自主创新之路。教师

的创造力增强了，智慧丰富了，必然会带出一大批拥有智慧、富有创造力的学生。多年来，实验人勤于思考，不断学习，不断实践，不断反思，不断超越自我，善于集思广益，博采众长，在智慧中共享教书育人的意义。

温暖的阳光、充沛的雨水，催发着草木拔节生长，充满整个夏天的是一种紧张、热烈、急促的旋律，夏之色正当春华秋实之间，收获已有而希望未尽，正是一个承前启后，生命交替的季节，海淀实验小学两年一度的教师基本功大赛也在灿烂的阳光中拉开帷幕。

深化教育改革的关键是教师队伍的建设，坚持教育创新的关键是教师创新能力的提升。“师者，传道授业解惑也。”作为教师，练好基本功才能称职。为加强教师队伍的素质建设，特别是基本功的掌握与运用，不断提升育人水平，海淀实验小学将市、区两级倡导的班主任基本功培训扩展到了学校全体教师，并结合学校实际提出了“创新促进发展，素质奠基未来”的行动口号。此时此刻，窗外是烈日高照、蝉鸣阵阵，窗内却是趣味盎然、如火如荼，几百名领导、专家和教师济济一堂，正以卓越的教育智慧和独特的教育魅力点缀着缤纷多彩的教育生活。

基本功大赛的重点环节是展示本组重点研究的教育情境问题，进行情境再现、问题分析并提出解决策略。在这方绚烂多姿的舞台上，各组老师们带着精心准备的问题，展现自我的热情，展开了一番精彩的情境再现。大街上看到老人摔倒扶不扶？二胎政策开放后，有了弟弟妹妹的孩子们该如何引导？随着中高考的改革，英语不再重要了吗？孩子们在体育课跑步时打闹发生伤害怎么办？美术课如何处理孩子学习剪纸与乱用剪刀的关系？班干部落选之后，如何做好失落的孩子与家长的工作？……一个个生动有趣、发人深省的教育情境再现学校、家庭和社会教育中普遍存在的热门教育案例，可谓包罗万象、切中时弊。教师们通过现场表演、视频展示、现场互动等方式将表演发挥得生动立体，将问题展现得淋漓尽致。“老人摔倒扶不扶”情境展示中，接受视频采访的孩子们五花八门、童稚真诚的作答让大家眼角泪光闪动；“家

不扶？

吃喝玩乐我混到天黑，
高我上房，邻居都
顾不上，正好我
没人理，根本没
每一天，快乐
个弟弟。

里有了小弟弟”情境展示中，害怕失去父母宠爱的姐姐诙谐生动的表演逗得大家捧腹大笑；“英语真的不重要了吗”情境展示中，孩子们围着高考指挥棒转的现状让大家深沉思索……台下的观众们时而屏息思考，时而笑声连连，热烈讨论的声音在会场上回荡，轻松活跃的气氛弥漫全场。而老师们的表演更以独特的风格和魅力吸引着大家的眼球。语文组的团结协作、数学组的睿智思辨、英语组的立意新颖、音乐组的异彩纷呈、美术组的别开生面、体育组的活泼幽默……惟妙惟肖的表演使现场不断爆发出阵阵掌声与笑声，教师们在饱含理性与睿智的展示中娓娓道出了“传为人之道，授学识之业，解人生之惑”的教育本义和“尊重与等待、因材施教、有教无类、此时无声胜有声”的教育艺术，让人深切感受到了海淀实验小学老师们深邃的教育理念和丰富的教育思想，在热烈而活跃的氛围中感悟教书的智慧，领略育人的真谛。五年级语文组老师们的一段话，令人动容，也让大家明白了这些倾情表演背后的教育智慧与教育情怀：“虽然我们的想法还不够成熟，做法还显得稚嫩，但我们有关注社会发展变化的眼光，有及时捕捉身边问题的意识，有积极采取研究策略的举措，这才是现代教师所应具备的基本素质，这正是社会新现象、教育新问题，舞台现情境，教师共磋商。”

研究问题展示后的即兴问答环节也令人耳目一新。现场领导、专家随机从每组教学老师中选取老师即兴作答。即兴问答题目共分为两套，第一套题目内容侧重于班主任的教育工作，第二套题目侧重于科任教师的教育工作，老师们纷纷结合所教学科进行选择。每展示两组后还要由专家就两组老师的表现做综合点评。“当你走进教室上课时，发现有孩子给老师画漫画，大家议论纷纷时，你该怎么办？”“同学过生日，小红家境贫寒，没有钱买礼物，自己用心做了一个生日贺卡却遭到其他同学的嘲笑，你如何处理？”“同学之间攀比吃穿却不比学习，你该如何引导孩子建立良好的班集体作风？”“学校组织大家看电影，孩子们都挑好的座位坐，你该怎么教育？”“班上有的孩子成绩很好，却不愿意帮助同学，你该怎么处理？”……一个个辛辣刁钻的教育问题，还真令外行人发愁冒汗，但是老师们头脑清醒，情绪稳定，在冷静、客观分析之后睿智作答、巧妙化解，完美展现了老师们综合运用教育手段处理突出事件的能力，以及灵活运用教育原则临场应变的教育机智。

历时一天的基本功大赛在大家的欢声笑语中不知不觉接近尾声，活动的帷幕徐徐落下，教师们的热情意犹未尽。在海淀实验小学暑期教育基本功大赛这个优秀的平台上，老师们正以独特的教育智慧和深邃的教育眼光行走在鲜花与荆棘丛生的教育之路上，在夏日的骄阳和清凉的晚风中放射出灿烂的光芒。现代教育要求教育者练就一身过硬的发现、分析和解决问题的本领，来引领学生纠正偏差，形成良好的习惯，提高素养，而这一切都需要教育者独具慧眼，不以粗暴、简单的方式加以归因、干预和压制，要从根本上解决学生的实际问题，引导学生不断进步。正如赵璐玫所说："随着学习型社会的到来，新课程要重新开始并着力改革学生的学习方式，使学生在各科学习中学会学习，以适应终身学习的需要。然而，在现实中，学习却在沉重的学业负担下变成了一件苦差事；知识却在单调机械的学习方式下被简化成了枯燥的符号、定理与公式。这不是学习的意义所在，更不是教育的真谛所在！"今天，海淀实验小学秉承"红军不怕远征难，长征接力有来人"的长征精神，不断开拓进取，真正实现"丹心一片、立德树人"的教育新局面，将这方教育创新、教师成长的舞台打造得更加璀璨夺目，在这个承前启后、生命交替的旺季收获更多别样的精彩。

精彩的背后是源于赵璐玫对于班主任工作的高度重视。无论是两年一度的班主任工作论坛，还是平常的教育教学活动，提升班主任的专业修养一直是海淀实验小学非常关注的重大课题。学校还自主研发了班主任《教育情境问题 100 例》教育文集。该书将班主任工作中常遇到的教育情境问题梳理为 100 例，根据教育内容又分为师德修养、品德教育、心理疏导、个别转化、班队活动、集体建设、家校和谐七个章节，以社会主义核心价值观为核心，运用科学的教育理念，抓住“怎么看”和“怎么干”两个关键环节进行回答，并引导班主任在回答的过程中深入思考、深入学习、深入实践，结合经济社会的深刻变化，教育改革的不断深化，学生成长的新情况、新特点，以真挚的爱心和科学的方法教育、引导、帮助学生成长进步。

班主任队伍素质的提升，是一条长远艰辛的路。但海淀实验小学的班主任们相信，只要怀揣一颗积极向上的心，就不怕这一路上的冰雪风霜。班主任，不单单是一个称谓，也不仅仅是一份学校安排的工作任务，更是一份沉甸甸的责任，需要丰富的智慧和长久无私的爱心和力量。

延伸阅读

创新促进发展　素质奠基未来

——赵璐玫在学校教师基本功展示活动的致辞

尊敬的各位领导、专家、老师们，大家好！

今天，我们欢聚一堂，在这里举行全校教师基本功的教育情境问答展示活动。首先，我代表学校对一贯支持学校工作、关注学校发展的各位领导、专家和来宾表示热烈的欢迎和诚挚的谢意！对学校全体教师的主动参与和积极展示表示由衷的敬意和充分的肯定！

深化教育改革的关键是教师队伍的建设，坚持教育创新的关键是教师创新能力的提升。为加强教师队伍的素质建设，特别是基本功的培训，不断提升育人水平，我校将市、区两级倡导的班主任基本功培训扩展到了全体教师，并结合学校实际提出了“创新促进发展 素质奠基未来”的行动口号，得到了大家的充分理解和热情支持。教师们在参与活动的过程中，自觉主动地挑战自己、超越自己，不断扩大知识视野，提升科学素养，培养探究精神，促进专业发展，使学校全员育人的办学机制落到了实处，取得了实效。为使教师基本功培训展示活动常态化、制度化，从本届开始，我校将两年举办一届“创新杯”教师基本功展示活动，让教育创新时刻激励着我们全体教师百尺竿头再进一步。

改革开放以来，特别是“十三五”开局以来，我们学校秉承“守真、从善、修美”的办学理念，坚守“素质立校、特色引领、内涵积淀、创新为先”的发展原则，把“求真务实、立德树人”落实到学校建设的方方面面，形成了生机勃勃的崭新局面。

什么是学校教育改革不断深化的持久动力，是创新；什么是推动学校建设与发展的强大动力，仍然是创新。《中共中央关于制定国民经济和社会发展第十三个五年规划的建议》指出，用创新、协调、绿色、开放、共享五大发展理念为“十三五”谋篇布局，其中，“创新”被提及71次，且写明创新是引领发展的第一动力。因此，确立创新教育理念，加大教育创新力度，就成为新时期海淀实验小学素质教育创优争先的必然选择。

当前，面对教育改革的新形势、新课题、新挑战，我们需要凝聚共识，确立创新教育理念；锐意进取，拓展创新教育载体；形成合力，推进创新教育深化。真正做到重视自主创新，形成教育特色，打造育人品牌，办人民满意的学校，在新长征的路上谱写出新的篇章。

正因为如此，我希望每一位教师用心教书，潜心育人，面对学生错综复杂的教育情境问题，以科学的理念、高超的智慧、有效的方法进行剖析和解决，寻规求律，立德树人。品德教育、心理疏导、家校共育、个别生转化等不是班主任工作的专利，而是全校教师的共同责任。本次展示活动，不仅是教师们爱岗敬业、认真钻研、历练内功、积极参与的成果表现，也是一次各大组团队力量、集体智慧的充分体现。工作有分工，育人共有责。在共同的创新实践中，我们要树立和实施全员育人、全程育人、全面育人的新理念、新举措。

“师者，传道授业解惑也。”作为教师，练好基本功才能称职；作为学校，抓好教师基本功的培训才能发展。希望老师们借此契机，虚心学习，深入切磋，充分交流，老教师弘扬传、帮、带的好传统，青年教师发扬敢想、敢干、敢创新的时代精神，为进一步提高教育教学质量做出积极的努力。

衷心祝愿首届“创新杯”基本功展示活动圆满成功！

向着“彩虹”的方向前行

在海淀实验小学，孩子们如花儿朵朵，簇拥着老师，聆听着教诲。微风吹过，生长的芬芳掠过鼻翼，那是叶在长、花在开。多年来，海淀实验小学几代干部教师，努力让教育回归本真，顺应儿童发展天性，呵护童真与童心。

积极建构开放的“彩虹课堂”，尊重不同、关注差异、分层教学、有效指导，实现师生“不同色彩，交相辉映；不同起点，自我超越；不同跑道，异步同行”的愿景，向着“彩虹”的方向前行。

什么是智慧课堂？海淀实验小学创设的“彩虹课堂”告诉大家，智慧课堂须从学生角度来衡量。因为，课堂是学生的，学生永远是课堂的主角。要看学生在课堂上开展的是不是自主、合作、探究的有效学习。这就要求教师在课堂教学活动中，从学生个体发展需要出发，精心设计每个教学环节，给学生自主支配的时间和空间，最大限度地激活学生的智慧、思维和潜能。教师的智慧则体现在精彩的引导及与学生的互动中。

从情感入手是现代教学方法的标志之一。在人的心理过程中，情感是最活跃、最积极、最核心的因素，处于个性结构中的核心位置。因此，在教育教学中，抓住了情感这一核心要素，也就抓住了育人的本质。教四年级的涂老师在语文教学中力求通过“依托文本，自主阅读；三品题目，体会感情；挖掘契机，读写结合”引导学生“品味语言，感悟情感，学习表达”，借助情感教育的手段，锻炼学生听说读写的能力。例如，在《朱鹮飞回来了》的备课过程中，涂老师注意到，这篇课文处在“回归”这一主题单元中，承接前一篇抒发强烈爱国之情的《七子之歌》，这篇课文的学习要让学生懂得濒临灭绝的动物也应当回归自己的家园，从而培养学生爱护野生动物、保护环境的意识。涂老师通过呈现朱鹮的照片，以及让学生阅读“发现和寻找朱鹮”的课文内容，画出感受最深的语句，做简单批注，体会作者情感，并进行小组交流。热烈的小组讨论中，学生们各抒己见。通过分析与对比，学生们感受到考察队员寻找朱鹮时艰难曲折的过程，也体会到考察队员对朱鹮无比珍爱的心情。就是这样的一堂语文课，涂老师没有长篇大论，而是发挥好“脚手架”的作用，把课堂还给学生，把情感融入教学，让学生们认真地读、慢慢地品、激烈地讨论、静静地沉思，将一篇韵味无穷的课文讲出了节奏、讲出了意境、讲出了情感、讲出了美感、讲出了“弦外之音”，变无声的文字为

有声有情的语言。

看似简单的教学方法，却需要教师有较高的教学艺术、有真情的投入，这样才能激起学生的感情涟漪，形成“物我同一情融融”的意境，进而产生求知的渴望，这就是课堂的智慧。涂老师认为，语文课堂是“授人以渔”的过程，精确定位学生的“最近发展区”，给予最合适的“工具”，孩子才能够不断发现前方未知的风景，积极地走近它、解决它。而且，在涂老师的这堂语文课上，课程的展开过程就是师生以其本真状态投入生命之流的过程。不矫饰、不造作，顺其自然、自由自在地呈现各自的生命存在状态和指向未来的可能性。

人的生命感受和体验是内在的、个性的，是人生意义、人生幸福的最终落实。这正印证了我国当前基础教育课程目标中所强调的“过程与方法”，除了行为目标以外还要有“表现性目标”和“生成性目标”，在学习方式上要注重“研究性学习”。“新基础教育”的课堂教学，关注在师生“共时”和“交互状态”下的“生成”资源（学生的质疑、非预期的答案甚至错误等），并通过对资源的及时回应，“生成”新的教学过程，这无疑是师生一次兴奋、感动的生命体验。

智慧的课堂也是享受美的过程。在海淀实验小学的美术课上，一把剪刀、一张随处可见的纸张，就可以在天马行空的想象中、在手指的灵巧翻转间展现出一幅幅精妙绝伦的画面，讲述出一个个流传千年的故事。2014 年，教育部颁布了《关于推进学校艺术教育发展的若干意见》，文件中明确指出，艺术教育能够培养学生感受美、表现美、鉴赏美、创造美的能力，引领学生树立正确的审美观念，陶冶高尚的道德情操，培养深厚的民族情感，激发想象力和创新意识，促进学生的全面发展和健康成长。在这一教育精神的指引下，美术学科邵老师开设了剪纸课程，用自己的智慧、勤奋和行动，为学生创设了一个发展的空间，带领学生们走上了一条感受美、表现美、鉴赏美、创造美的艺术之路。例如，在四年级“吉祥图案”一课中，邵老师不但教学生“怎么剪”“为什么剪”，还把甲骨文教学融入剪纸艺术中，使古老文化与民间美术相结合，激发学生对祖国悠久历史文化的崇敬之情。一学期下来，学生们对剪纸艺术的兴趣也与日俱增。邵老师欣然地说道：“只要学生们喜欢，就没有辜负自己每天关于教学的各种思考与尝试。”

“问渠那得清如许，为有源头活水来。”课堂是不断注入活力、不断焕

发生机的清流，它从老师们的笔下流泻而出，悠悠地流淌过学生的心灵，滋润他们的心田，筑就一个色彩缤纷的精神家园。这，应当就是智慧课堂的应有之意吧。2011 年，海淀实验小学正式为他们独有的课堂文化命名——“彩虹课堂”。正如世上没有两片相同的叶子，每个学生与老师也各有特色。有的学生活泼调皮，有的学生文静内向，有的学生乐观开朗……在海淀实验小学老师的眼里，这是学生们身上独有的色彩，虽有不同，但各自精彩，不能用同一个标准来要求他们，不能将他们同化为某一种色彩，而是要学会欣赏每种色彩的美，为每一种色彩增光，让他们欣欣然绽放于阳光之下。这就是海淀实验小学打造“彩虹课堂”文化的初衷。随着时间的推移，在“守真、从善、修美”的校训引领之下，“彩虹课堂”的内涵也越发丰富。教师们精准把握课程，对教材精益求精地切磋琢磨，对教学设计不厌其烦地发展创新，针对课堂实际问题，教师们以“打破砂锅问到底”的决心不断挖掘本质，抓住教育的本真，提高真能力。主管教学的王校长说：“小学教育作为基础教育的第一环，旨在培养学生们的核心素养，为学生们的人生奠基。因此，每一个学科都必须完成好培养学科核心素养的目标。真课堂，是让学生学到学科最本质的、最真实的东西。”因此，教师们要摸准每一个学生的“最近发展区”，结合学生实际、课堂实际、教师教学实际，完成最无缝对接的课堂知识传授，让每一个学生完成自我超越。

如此，海淀实验小学的课堂上充满了欢声笑语，心灵与心灵的碰撞、思维与思维的交融，产生了奇妙的化学反应，让各种绚丽的色彩交相辉映。如今，“彩虹课堂”真正成了学生与教师共同成长的快乐天地。一个个学生被注入了超乎寻常的灵性，一节节课被赋予了超乎想象的感染力。这些皆缘于教师们真诚的情感流露、善良的人文情怀，以及美妙的语言艺术。于是那课堂，成为生命之间进行对话的课堂，学生与教师、学生与课堂、学生与学生的情感真真切切地交融着，让人体验到生活流淌的温馨，感受到生命成长的快乐，并向着“彩虹”的方向前行。

延伸阅读

家长留言

早有写此留言的打算，因种种原因一直没有动笔，掐指一算，再过两个月孩子就将毕业，我必须赶在这之前把心里话表达出来。

我是一名六年级学生的家长，孩子一直在贵校学习，虽未评过三好，但在德智体各方面取得了明显进步。所以，我要对学校真诚地说一声谢谢！谢谢各位领导和老师为孩子的健康成长提供了广阔的平台。你们的汗水和智慧浇灌着一棵棵稚嫩的幼苗，使他们能够在肥沃的土壤里茁壮成长。在这里，我尤其要感谢班主任韩老师和数学曹老师。

自韩老师接管班以来，我家孩子对韩老师从喜欢、欣赏到着迷。她喜欢韩老师的语文课，课堂笔记全面而工整，只要有语文考试，她必定认真复习，从来不需要家长提醒。她觉得韩老师的课不仅轻松，而且记得住。同时，她写作兴趣很浓，从五年级至今，从未间断，现在已经撰写了几万字的小说手稿。她也喜欢韩老师的为人，她说，韩老师平等地对待每一个孩子，还经常鼓励和表扬成绩差的孩子。孩子多次说到，自从上了韩老师的课，她对语文就开窍了。我深深地感觉到，韩老师对我家孩子产生了深刻的影响。我记述的这些也许不够全面，但这足以证明韩老师是一位爱岗敬业、师德高尚的好老师。

我家孩子对数学一直没有太多兴趣，一方面，可能孩子自身抽象思维能力的培养需要一个过程；另一方面，可能也与老师的教学风格有关。曹老师代课以来，我家孩子对数学逐渐有了兴趣，在解题能力方面，刚开始变化不明显，到了六年级，有些百分数的应用题需要用特定的方法列式，这些方法家长可能忘了，但孩子能用曹老师教的方法做出来，尤其在解题思路方面，有了一点自己的想法和判断，开始学会独立思考。曹老师的教学方法风趣幽默，这一点在家长会上能体会到。有时候，夜深了我们还接到曹老师的短信，就像曹老师在家长会上说的，由于要详细记录每个孩子当天的作业完成情况，还得辅导自己孩子的学习，晚上会经常加班。

曹老师对教学的钻研和对每一个孩子的用心，我们做家长的很感动。其他各位任课老师也同样对孩子的成长付出了艰辛的努力，虽未一一细述，但感激之心并无半分减少。在此一并致谢！

实验人的“智囊团”

“智囊团”，顾名思义就是头脑企业、智囊集团或思想库、智囊机构、顾问班子。对于一所学校来说，不仅要有一名好校长，有一支高素质的教师队伍，更需要有能够助力学校发展的“智囊团”。在海淀实验小学的高歌猛

进中，“智囊团”就是助力学校发展的社会资源，是学校发展必不可少的条件和赖以生存的根基。实验人深知，当今社会，人们生活在一个全球性的共同体中，越来越彼此相依，互动互进。教育工作者必须摒弃旧的思维模式，突破校园的围墙，必须确立“万物皆备于我”的大教育观，跳出学校教育的小天地，利用好外脑，整合一切可以利用的社会教育资源，才会实现教育的加速发展，教育的本质才能得到更深刻的体现。

了解海淀实验小学的人都知道，每次大型活动的成功举办，不仅仅是全校人的辛苦付出，关于活动方式、目的及效果的解释和宣传，其背后都有一批教育专家、资源单位在鼎力支持。这不，自 2012 年开始的长征精神教育活动，五年来就有多位专家发声和认可，更有上至中宣部、市教委，下到周边街道、派出所，从解放军首脑机关到基层派出所，从两院院士到航天英雄，从国家媒体到网络平台……来自社会各界的高度关注和大力支持。同时，学校的长征精神教育活动还得到校外资源的助力，《长征组歌》曲作者、首唱者来到同学们中间，和大家共唱《长征组歌》，共话长征精神。在校庆五十周年等重大活动中，解放军总后勤部政治部、中国载人航天工程办公室、中国航天科技集团、中央电视台、首都师范大学等资源单位，英雄航天员以及知名艺术家等悉数到场出席活动，全校师生备受鼓舞。

赵璐玫非常明白，教育资源具有极大的流动性，既可以随着社会结构的改变而变化，又能随着生源和学校发展而变化。海淀区是一片热土，文化积淀雄厚，社会资源丰富。特别是近年来，随着教育改革的不断深入，海淀教育资源被重组、合并、拆分……呈现出多元化、多类型、多层面的特征。所以，对于海淀实验小学来说，组建好实验人的“智囊团”，也必须不断开发，不断整合，这一方面是由于教育创新对资源的需求不断增加，另一方面也是由于资源本身有新陈代谢的规律。对此，海淀实验小学在教育资源整合过程中，充分利用海淀区“三山五园”的自然优势和中国科学院、北京大学、清

华大学、中国人民大学等高校科研资源，还有万安公墓、曹雪芹纪念馆、国家图书馆等文化阵地资源，让各种各样的教育资源相互联系、相互支持，形成资源系统，从中获得有力支持，促进自身发展。

随着信息化时代的滚滚而来，面对“互联网＋”的需求，教育资源通过互联网实现了共享，打破了传统意义上的时间与地域的概念。于是，打造一所现代化智库型学校，成为当前教育改革和发展的核心所在。海淀实验小学高度重视信息的资源功能，制订并实施了信息化建设发展规划。到目前为止，学校数字化平台已经初具规模，在计算机和网络技术上建立起来的对教学、教育、科研、管理、技术、服务等校园信息的收集、处理、整合、存储、传输和应用，使教学资源得到充分优化利用，为打造智库型学校奠定了现实基础。学校不仅拥有先进的计算机设备和专业教室，而且拥有完善的校园广播站、电视台，并对校园网站进行了更新换代。尤其是在校园门户网站的建立和开发上，网站传递着学校的时代脉搏，展示着学校建设与发展的最新动态，反映着学生、教师、家长的明确诉求，沟通四面八方，联系上下左右，互动性、教育性、趣味性强，发挥了无可替代的作用。同时，学校还自主研发了“海学乐成”3D 数字互动多媒体教育平台，是特点突出集德智体美于一体的寓教于乐的计算机化教育平台，是学校信息化建设的一项重点工程。由于资源意识的不断提高，近年来无论是硬件支持还是软件开发，设备保障还是技术力量，学校的信息化建设都有了长足的进展，在基础设施建设、信息资源建设、信息技术普及、运用信息技术提高教育质量和管理水平等方面取得了显著成效。随着智库型学校的逐步形成，实验人努力做到信息惠校、信息惠教，实现信息资源的有效利用。

教育有道，循道而教，事半功倍。实验人善于挖掘和整合各种教育资源，组建独具实验特色的“智囊团”，根据教育资源的主要特点开发其功能。例如，资源分布不平衡但有规律，资源有限但通过整合可以再发挥其功能；不同的办学理念整合出不同种类、不同数量、不同质量的教育资源等，相继整合了超越地域限制的资源，并且使之不断积累、扩充、发展，取得了积极成效，助力了学生成长和学校发展。

这就是实验人的“智囊团”，不是特指某个人或某件事情，而是两者的统称。多年来，实验人孜孜矻矻，焚膏继晷，从地区到全国，从微观到宏观，从局部到整体，打破地区界限，努力实现教育资源整合优化，把学校变成一个吸铁石，将周围的优秀资源吸引过来，使大量互无关系的资源整合成实现预定目标的总体，唱响和合并进的主旋律。

我们是同道

孔子《论语》有云："道不同，不相为谋。"海淀实验小学始终将家长视为同道中人，因为大家有着同样的愿景，为了孩子的成长共同做着不懈的努力。家长对于孩子的教育，起着关键作用。加强家校共育，不断争取家长的积极支持与配合，形成强大的教育合力，发挥整体教育效应，才能取得更好的教育效果。因此，海淀实验小学一直把家校共育列入学校管理的一个重要内容，吸引不同社会阶层不同文化背景的家长共同参与学校办学，实现家校共振，同道育人。

"我们是同道"，这对于实验人来说，绝不是一句空话。从教育观念来说，教师，对不同来源、不同层次、不同地位、不同状态的家长公平对待，一视同仁，尊重沟通。在与家长沟通交流的过程中，海淀实验小学特别强调教师在面对家长时的"黄金定律"，那就是"尊重、平等、合作"，也就是"存心要像水那样深沉，交流要像水那样相亲，言语要像水那样真诚，处事要像水那样包容，行动要像水那样灵活"的润己及他、海纳百川的精神。通过学校如水般的沟通交流，家长与学校同心同频的沟通模式感动了每名学生和家长。家长不无感慨："把孩子送到海淀实验小学，我们放心！"

在具体做法上，学校建立多渠道的沟通机制，努力做到零距离接触，第一时间反馈动态，掌握和谐教育的主动权；信息畅通，通过互联网、手机平台等载体，共享学校信息；广泛参与，在充分沟通的前提下通过邀请家长观摩课堂教学，参加主题活动，组建家长委员会，招募家长志愿者等形式让学校与家长相互理解，高度信任，共同行动；建立联盟，逐步建立科学有效的

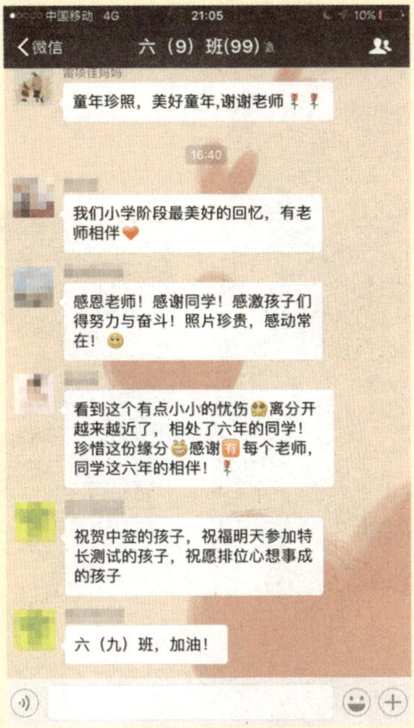

运行机制，通过家长会、家长学校、家长委员会、家长志愿者将现代教育科学、学校办学理念以及建设和发展规划传达给广大家长，使家长感受到协同教育的重要性，让广大家长认识到学校是育人的能量场，是师生、家长成长的大舞台，是家庭、社区、社会教育资源的聚合地。走进海淀实验小学，大家就会发现家长和实验人亲如一家，在家长会上畅所欲言；在“寻访革命圣地，传承长征精神”研学活动中，家长和孩子相互鼓励，相互学习；在校办公会上，学校会邀请家委会成员一起研究工作；在学校各种活动中，家长志愿者们的身影更成为一道靓丽的风景线……同时，海淀实验小学还紧紧把握住了时代的脉搏，在充分论证利弊的基础上，决定“扬利矫弊”，建立学校、年级、班级等各级微信群，增设快捷畅通的诉求渠道，发挥家校协同教育的功能作用。大家欣喜地看到，家长们通过微信把“不满意”变成信任，并自发建立了“微信公约”维护孩子的健康成长环境。

通过这一系列的家校协同教育实践，实验人深有体会，在教育变革过程中，学校不仅是学生学习成长的地方，也是教师和家长实现自我价值的地方。学校不仅是校长的、老师的，还是家长的、社会的，更是学生们的。学校的功能就是把一切有利于学生成长的校内资源、家长资源、社会资源有机整合起来，让学校成为学习的中心、成长的中心。因为，现在学校已不再是仅仅发挥着单一教育主体的作用，而是多教育主体间的合作沟通平台。这种环境极大地调动了多教育主体的积极性并产生多元时空促进相互交流，更有助于促进学生的全面发展。通过“我们是同道”行动，家长与学校同心同道，家校协同教育收获满满，学生们在学校、家庭共创的和谐美好的环境中健康快乐地成长。

理念决定行为，思路决定出路。“我们是同道”，要端正教育理念，更要厘清工作思路。为此，海淀实验小学在编写的班主任《教育情境问题 100 例》中特意开辟了一个板块，叫作“家校和谐”，引导教师正确认识和处理问题，在面对各种可能出现的问题，面对各式各样的家长时，争取和谐育人的效果。例如，班主任刘老师说：“班主任一定要把家长看作是教育的合作者，而不是教育的购买者。只有相互信任，真正做到相互尊重，才能做到积极配合，形成教育共识，和谐合力育人。”班主任张老师也说道：“我们往往看到了独生子女多，家长娇惯溺爱的普遍现象，认为有些家长故意找茬，难以对付。实际上大多数家长都是通情达理的，有些家长之所以有所埋怨，是他们对介入教育有着极大的积极性，在发生教育事件的时候，想尽早获得知情权和话语权，甚至据此衡量学校对他们是否尊重。因此，适时地给家长打打电话，了解一下家长的态度，满足家长对于学校和老师的合理诉求，就会得到理解和支持……”正因为家校的互相理解，互相交流，才能实现家校共育的目标。此外，海淀实验小学还承担了国家级“家校合育模式下学生文明习惯培养的

研究”的子课题，以及“家校合作提升小学生社会责任意识的研究”的子课题，通过调查研究，解决在合育过程中的矛盾问题，明晰家校合作的必要性和重要性，进一步促进家校共育和谐发展。

“我们是同道”，如今，海淀实验小学就像一条欢快流淌的小溪，一路欢歌、一路奔跑，用春风化雨的精神滋润家长，用激流勇进的行动感染家长，用海纳百川的情怀包容家长，让学校、家庭、师生都荡漾着幸福的柔波。

“我们是同道”，这是实验人的智慧，也是教育的使然。

/三/ 爱是奠基，是放飞

真正的爱，是奠基，为未来发展把握方向。

真正的爱，是放飞，为实现梦想点亮征程。

爱是奠基。爱是美好生命的奠基石。没有爱，就没有生命的美好。实验人以爱的名义诠释爱的真谛，在这片交织着纯真梦想与无限希望的沃土上，为孩子的健康快乐成长铺筑成功的跑道。

爱是放飞。实验人在每个孩子快乐成长的过程中，“把童年还给童年”，为童年保驾护航，倾注血汗，用盈溢着爱与责任的心灯，为孩子照亮前行的航程。

生命律动　活力阳光

现代奥林匹克的创始人顾拜旦在《体育颂》中写道：“啊，体育，你就是美丽！……可使人体运动富有节律；使动作变得优美，柔中含有刚毅。”体育运动蕴含着独特魅力，加强青少年体育锻炼，培养学生们感悟体育精神，体会体育之美，这是当前全面贯彻和落实素质教育的一大课题。实验人清晰地意识到，学校所追求的育人核心价值，就是要培养一个个身心健康的学生，让他们拥有阳光的心态以及积极自信的人生态度，在快乐运动中健康成长。

作为教育工作者，赵璐玫对“健康”也有着独到的理解。她认为，在素质教育不断改革和深化的今天，我们所追求的教育核心价值，就是要培养一个个身心健康的孩子，让他们拥有阳光的心态以及积极自信的人生态度，让健康为他们的人生保驾护航，让每一个孩子在生命的星空下，璀璨夺目，星辉闪耀！正如赵璐玫所说，海淀实验小学在各个历史阶段都保持着对教育的坚守与责任，让每个孩子都获得真正的健康。

那么，什么是“真健康”？在探索现代素质教育深刻内涵的过程中，海淀实验小学十分注重培养学生坚持体育锻炼的良好习惯。每天的大课间活动，学生们在操场上呼喊奔跑，银铃般的笑声洒满校园。号称“小刘翔”的飞飞渴望像刘翔一样，驰骋在赛场上，为国家争光。记得任老说过，梦想可不是做梦想想而已，而是要通过自己的努力一步一步地接近理想。于是，在每个课间、体育课和课外活动时，飞飞都努力锻炼身体，认真学习跑步的技巧。“功夫不负有心人”，在学校运动会上，飞飞跑出了全校第一的好成绩，“小刘翔”果然名副其实。

与此同时，学校还根据不同年级学生的身心特点和兴趣爱好，陆续在各年级开设了舞美、跆拳道、游泳、篮球、乒乓球、足球等体育校本课程。游泳课成为学生们的戏水时间，很多学生从“旱鸭子”变为灵活的“小鱼儿”。

实践证明，海淀实验小学通过开展游泳课程，一方面提升了学生们的身体素质；另一方面增加了学生们的自信，同时专业的场地和教练也成就了一批小游泳健将，多名学生在近年各项游泳赛事中取得了不俗的成绩。

海淀实验小学紧跟时代步伐，与时俱进，在开展校园足球活动方面也做出了自己的努力。“作为海淀区优质校，开展足球课程是历史的选择，也是学校发展的必然要求。”赵璐玫如是说。

豪豪是一个小球迷，五彩斑斓的足球梦早在初次踏入海淀实验小学足球场时就已经如春芽萌动。“踢足球是我的爱好，我的梦想是成为像梅西那样的球员。”这是教练问起为什么要加入足球队时，豪豪用稚嫩的童声表达的誓言。初入球队时，看着高年级的同学们在赛场上奔跑驰骋、拦截射门，挥洒汗水与热情，豪豪找到了目标和方向，更加热血沸腾。为了更好地练球，春天，同学们在郊野踏青、享受春之浪漫时，豪豪在球场上奔跑，春风涤荡心胸；盛夏，同学们在空调屋里阅读、享受夏之凉爽时，豪豪在烈日下苦练，骄阳汗湿脊背；深秋，同学们在蓝天下漫步享受秋之风韵时，豪豪在团队中时而穿插时而射门，体验勇往直前的果敢；寒冬，同学们在明亮的教室学习

享受冬之温暖时，豪豪在赛场上拼搏，笑对团队作战的困难与荣耀……一年下来，豪豪的皮肤晒得又黑又亮，腿上也常常因训练而磕出青一块紫一块的伤痕。面对妈妈的心疼和同学们的询问，豪豪总是摇摇头笑着表示："再苦再累，我喜欢；再黑再丑，我不怕！"就像老师和教练们感慨万千的话语："这些孩子们呀，小小足球里真藏着他们大大的梦想呢！"

一分耕耘，一分收获。海淀实验小学足球队也成为北京市中小学足球队中的佼佼者。时任北京市委常委、教工委书记苟仲文参加学校主题为"红领巾相约中国梦　绿茵场洋溢中华情"的开学典礼，在活动现场，苟书记为球赛开球，由中央电视台体育特约评论员徐阳担任解说，豪豪和队友们在前国安队队员南方和杨晨的带领下进行了足球表演赛。一群意气风发的足球小将在绿茵场上追逐呐喊，犹如剽悍的骏马奔驰在辽阔的草原。跃起扑球，凌空投球，卧倒铲球，无一不展示着生命的极强活力。

"小小足球，增强了我的体质，磨炼了我的意志，培养了我的性格；小小足球，缓解了我紧张的学习神经，促进了我与同学间真挚的友谊，更让我学会了与他人团结协作的能力。感谢我的母校——海淀实验小学，是你使我

的童年生活变得如此精彩！是你在我心底撒下梦想的种子——足球梦。我将不懈努力，让美梦成真！”回顾自己在海淀实验小学足球队从小菜鸟一路拼搏不已、奋力追梦的快乐时光，豪豪饱含深情地写下这段童年感言。

校园足球活动在海淀实验小学如火如荼地开展，目前学校已形成由校长到分管副校长，由主任到体育教研组长，由年级组长到班主任这样层层负责的管理体系，这样的构架为足球运动在学校的顺利开展提供了保障。同时，除了健全管理体系外，建立长效的推进机制显得尤为关键。在师资的配置上，学校特招 6 名专业足球教师，为提高教师们的专业水平，学校会定期安排他们参加市、区级专项培训；在学生培养机制上，学校秉承“普及＋提高”的培养模式，将足球纳入每周的体育课教学，形成“面”上推开，同时还组建足球比赛梯队，形成“点”上的深入。“点”与“面”的结合，使得足球长久的扎根于学生的运动活动中；在活动开展上，更是形成全员参与体验式的活动模式，让更多的孩子在共同参与的氛围中乐享足球。

赵璐玫接受记者采访时表示，竞赛成绩只是学校足球运动的成果之一，而通过班级联赛、拉拉操、足球进课堂等各种活动形式，培养孩子们克服困难、崇尚运动、阳刚快乐的心态才是最重要的。她说，自 2005 年成立校园足球队至今 12 年发展校园足球的成果显示，足球这项运动对于学生坚韧不拔的意志品质和拼搏精神等非智力因素的培养，效果显著。海淀实验小学已形成校区间的梯队培养和优势互补的足球校队发展格局。无论是放学后还是节假日，学校足球队都会在绿茵场上奋力驰骋，刻苦训练，每年训练时间均在 260 天以上。学校足球教师和外聘教练用简单、科学、实用、有效的训练方法，由浅入深，由简单到复杂，由单一到组合，有效地提升了队员们的技能水平。扎实的日常教学使足球校队的队员们拥有无限的活力和自信。每年，校足球队会参加各种赛事，多达 200 余场，在各级比赛中都活跃着他们朝气蓬勃的身影。更加可贵的是，学校十分注重培养学生的集体观念和合作意识，在训练的过程中，学生们体验到付出汗水收获荣誉，付出伤痛收获坚强，就这样努力着和成长着。

小足球，大梦想。由于对校园足球的高度重视，海淀实验小学多次被评为海淀区阳光体育明星学校、北京市校园足球实验校、全国百所足球特色校；先后获得海淀区中小学生足球联赛第一名，在北京市中小学生足球比赛中分获高水平组第一名和普通组第二名。

对于其他体育校本课程，海淀实验小学在课程建设方面扎实推进，成绩斐然。篮球队在北京市中小学生传统校篮球比赛中获得第四名；田径队在2014年海淀区中小学生田径运动会中摘得团队第二名；垒球、击剑等项目多次获得海淀区的冠亚军。2014年北京市第十二届中小学生定向越野锦标赛上，他们与来自全市的800余名小学生同场竞技，获得了12岁男子组团体第一名，10岁男子组团体第八名；三位同学分获个人赛的第三、第四名的好成绩……

拥有强健、阳光与自信的成长模式是生命状态的返璞归真，更是教育发展最为健康的真实表达。让健康为多彩的人生保驾护航，成就真实而又丰厚的生命，这是海淀实验小学育人的不懈追求。

金帆踏浪正远航

“艺术是人类至性至情、至真至纯的自然流露，彰显了人性的真善美。”完整的教育不能没有艺术教育，它是尊重学生个性，开发学生潜能，引导学生追求美好人生和生命价值的重要途径。多年来，海淀实验小学聚焦艺术教育，按照“遵循育人规律，体现核心价值，夯实普惠基础，彰显金帆特色”的思路，以艺育德，以艺启智，以艺促校，使得艺术教育蓬勃发展，成了学校的一张亮丽名片。

艺术教育是素质教育的有机组成部分，它能促进学生提高审美能力、丰富精神世界、发展形象思维、培养创新意识，对于少年儿童的健康成长和全面发展具有重要的意义。正是基于这样的认识，海淀实验小学非常重视艺术教育，早在 1997 年就成立了艺术教育领导小组，校长任组长，德育副校长任副组长，并形成了由校领导、外聘专家、校内教师共同组成的分层管理体系。同时，为了保障艺术教育工作顺利有序地开展，学校还注重健全艺术教育工作制度，制定了组织领导、团队管理、经费投入、财产保管、表彰奖励等一系列规章制度，实行科学规范的人文化管理。学校每年都将艺术教育经费列为资金投入的重点支持项目，严格按照艺术教育专项经费申报制度，根据实际需要制订各艺术社团专项经费计划，严格按计划支出经费，并不断完善教学设备配置，提升硬件设施水准。几年来，学校有计划、按步骤地根据艺术社团的发展需要，对包括舞蹈厅、管乐厅及合唱厅在内的多间艺术专用教室多次进行科学合理的改造，确保硬件设备的正常使用，逐年提高艺术教育环境的质量。

除了科学管理和硬件保障，一支专业精湛、敬业奉献的优秀教师团队也是艺术教育蓬勃发展的必备基础。海淀实验小学现有艺术教师33人，学校十分重视这支队伍的专业化成长，不仅聘请国内外著名专家上门辅导，还广泛组织教师外出听课进修，参加专业培训活动等，从时间到经费都尽可能地提供保障。学校各艺术社团均有专家进行指导，由艺术教师独立承担日常排练任务，使他们有发挥自身优势、凸显个人特色的平台。一些青年教师在学习历练中快速成长，成了学校艺术教育工作的领头雁。学校不仅将艺术社团管理工作计入教师工作量，还启动奖励机制对优秀艺术教师予以奖励。多年来，在各级各类比赛和演出中，艺术教师们成绩显著，多人多次获得国家、市、区级奖励，在各种评优课、论文评比、教学基本功比赛中也是大显身手，学校艺术教研组曾多次被评为海淀区“优秀教研组”和“青年先锋岗”。

为了夯实艺术教育基础，营造更加浓厚的艺术氛围，学校每年一届的艺术节已形成传统，共设立班级合唱、舞蹈、绘画、书法、摄影、工艺、声乐、独奏等十余项比赛，为不同兴趣爱好的学生搭建展示舞台，参与面达到100%，不仅给艺术特长生提供了展示平台，还极大丰富了学生们的课余文化生活，逐渐形成了人人有特长、班班有活动的实验小学艺术教育特色。学校还设立了多个艺术社团，其中金帆合唱团、金帆管乐团、金帆舞蹈团、京剧团和书画艺苑这几个大的社团共计1700余人，特别是金帆合唱团、金帆管乐团、金帆舞蹈团，规模庞大，每个团都是梯队制发展，学校艺术教育以这三个团为主线并进，带动开展全校性的多姿多彩的艺术教育活动，整体提升全校学生的艺术素养。这些艺术活动内容健康积极，形式生动活泼，受到了学生们的热烈欢迎，使他们从小沐浴在艺术教育的春风里幸福地成长。

除了按规定完成国家课程外，艺术教师们还努力拓宽美育的渠道，积极开发校本课程，使艺术教育的内容更加丰富多彩，形成良好的美育氛围。学校全体美术教师参加了国家级课题研究“非物质文化遗产校园传承与研究”，研发出反映海淀本土文化的美术校本教材——《认识我们脚下的土地》；全体音乐教师合作撰写的《小学音乐课堂教学100问》一书，一经出版就获得了

广泛赞誉；在音乐特级教师吴文漪的带领下，音乐教师团队又参与了市级课题“文化与音乐教学”的研究，并开发出版了校本教材——《走进音乐的人文世界》，得到了同行和专家的一致好评，该书已在全校范围内投入使用，推动了学校音乐教育再上新的台阶。

在全面做好艺术教育普及工作的同时，海淀实验小学还致力于金帆艺术团的建设，成了全市 3 所获得“三金帆”荣誉称号的小学之一，实现了艺术教育工作的特色发展。学校金帆艺术团建设以“全面育人、引领示范、追求卓越”为理念，遵循“以普及促进提高，以提高带动普及”的原则，积极培育“持之以恒、团结奋进、开拓创新”的金帆精神，以实现提高学生审美能

力和人文素养、展示学校艺术教育成果、推动学校内涵发展的目标。金帆艺术团每年都会举行一次盛大的专场演出，先后在中国剧院、国图音乐厅、解放军歌剧院、北京展览馆剧场、北京音乐厅和国家大剧院等地举办过“拥抱明天”“放飞理想”“我们的音乐故事”“我们一同走过”“金帆如梦 成长如歌”等专场演出，并积极参与国际艺术交流演出活动，为热爱艺术的孩子们提供了展现风采、实现梦想的舞台。

成立于1987年的金帆舞蹈团，曾作为文化艺术交流小使者出访澳大利亚、美国、新加坡等多个国家，还多次参加国内大型演出活动，2014年又新组建了舞蹈男团，是一个充满活力、富有朝气、潜力无限的优秀艺术社团。舞蹈团是学校艺术教育普及与推广的中流砥柱，舞蹈教育在全校的推广面最大，它面向所有学生，从一年级起就开设舞蹈校本课程，根据各年级学生的年龄特点与发展需求，开设多舞种教学，使学生在丰富的舞蹈课程中了解舞蹈文化、体验舞蹈魅力、塑造优美形体，为学生的艺术素养奠定了扎实的基础。经过多年的成长与历练，舞蹈之花光荣绽放，先后荣获北京市第十四届、第十六届中小学生艺术节舞蹈比赛一等奖，第六届全国CCTV少儿电视舞蹈大赛第五名，全国第四届中小学生艺术展演舞蹈比赛一等奖，第七届全国CCTV少儿电视舞蹈大赛银奖等诸多荣誉。代表作品有《小豆包之夜》《校园之花》《春的呼吸》《同一个梦想》《小小计算娃》《稻草人》等。

成立于 1996 年的金帆合唱团，拥有极高的艺术素养、精湛的专业水准，20 年来，金帆合唱团荣获了北京市中小学生艺术节合唱比赛九连冠，在海淀区尽情演绎着独占鳌头的风采，并在音乐普及、公益演出和区域辐射方面做出了突出贡献。合唱团擅长演绎不同风格的中外名曲，2001 年与法国巴黎圣·路易小歌手合唱团举办了交流演唱会；2006 年和 2008 年先后出访澳大利亚和日本，成功举办专场演出；多次承接教育部和市区教委大型演出任务，其中包括北京第 29 届奥运会“奥运村开营仪式”；2010 年 4 月，金帆合唱团在国家大剧院进行了专场展演。代表作品有《维也纳森林》《爱之梦》《CANTATE DOMINO》《巴郎要你来新疆》《嘀哩嘀哩》，以及大型音乐套曲少年版《长征组歌》等。

成立于 1998 年的金帆管乐团，长期聘请国内一流专家团队任教，并多次得到美国、日本、奥地利等国家的艺术大师的指导，先后应邀赴日本、德国、奥地利和美国举办专场音乐会，每次都是载誉而归。2010 年 7 月，在维也纳第四届“至高荣耀”国际青少年音乐节管乐比赛中，金帆管乐团凭借

请勿拍摄
请勿饮食

2016

《节日序曲》《星光闪烁》荣获金奖第一名，在全国第二届、第三届中小学生艺术展演西乐比赛中演奏乐曲《太空堡垒》《星光闪烁》分获（小学组）一等奖；2006 年荣获全国非职业优秀管乐团展演小学组金奖，连续 5 次荣获北京市中小学生艺术节西乐比赛一等奖；2012 年 4 月在国家大剧院成功举办题为《我们的音乐故事》的专场音乐会。代表作品有《俄勒冈》《彼得与狼》《巴黎木偶戏》《森林的故事》等。

海淀实验小学的金帆艺术团不但带动了全校艺术教育的发展，而且以其独特的文化品格，积极发挥辐射引领作用，多次出色完成教育部、市教委“童心向党”“学雷锋精神，做雷锋传人”“向人民英雄纪念碑敬献花篮仪式”和“国庆特别节目录制”等政治任务；为昌平山区瓦窑小学、海淀永泰小学等连续举办捐书、送艺术课下乡、开办教学讲座、举行交流演出等系列活动；为手拉手学校内蒙古鄂尔多斯东盛区东方实验小学创作校歌、辅导合唱排练等；积极参加社区街道举办的文艺活动和金帆之旅等。学校还与英国、新加坡等多所国家的优秀学校建立了合作关系，积极开展广泛的国际文化艺术交流，打造多元开放的艺术教育平台，将传统艺术课带到国外，先后两次在英国的友谊校——圣彼得小学展示了艺术教师的风采。金帆艺术团于 2012 年 7 月以文化小使者的身份，参加了美国第二届国际艺术节——《越过海洋的握手》；金帆合唱团与法国、澳大利亚国家童声合唱团联袂演出，并应邀远赴日本，在小泽征尔的故乡大贺音乐厅与轻井泽小学举办音乐交流会。

对于受益于艺术熏陶的孩子们来说，除了能够享受到艺术教育带来的美，在参与中也付出了自己的坚守。小文同学就是其中的一员，提起在金帆舞蹈团排练的那段日子，用她的话来说，就是“刻骨铭心”。作为金帆舞蹈团的一员，小文从一年级穿上那双红舞鞋起到现在已经整整六年，六年的时光让她化茧成蝶，绽放出别样的光彩。曾记得六年前的小文第一次穿上了正式的舞蹈服，在棕色的地板上小心翼翼地踮起了脚，她说：“当时，我还不会穿演出服，是高年级的大姐姐帮我穿的，我永远忘不了姐姐当时温柔的动作，亲切的语气，我当时就暗自下定决心，将来也这样帮助小妹妹们。”或许就是这种不经意间的一种决心，从接到上台演出通知的那一天开始，小文就没有了假期。周末、节假日、寒假、暑假，与她相伴的只有洁白的墙壁、巨大的镜面和努力的汗水。面对这些辛苦，倔强的小文没有轻言放弃。如果遇到困难就退缩，那么学习舞蹈的意义在哪里呢？秉持着这样的信念，小文更加全身心投入到舞蹈训练之中。她认真看着老师讲解的每一个动作，揣摩着舞曲深处蕴藏着的感情，日复一日地坚持着最基础的身体训练。或许在常人眼里，舞蹈就意味着柔软度，但只有真正练舞蹈的人才会明白“柔中带刚”这四个

字的含义，所有的柔软都需要百倍的力量、千倍的意志力做支撑。“舞蹈让我用很多方式探索自己，了解自己的极限与强度，培养适应逆境的能力，走得比自己想象的更远。”当站在领奖台的那一刻，小文的眼眶是湿润的。无数像小文一样的孩子，在金帆艺术团中不仅提高了艺术素养和专业能力，而且通过常年的刻苦训练、演出交流活动等，懂得了付出与收获、集体和个体、责任和义务的关系，得到了精神世界的升华，实现了“内外兼修”的目标。

对于广大家长们来说，在耳闻目睹、亲身参与中，他们由衷地表达了对海淀实验小学艺术教育工作的肯定。他们对学校工作更加理解了，并积极以志愿者身份主动参与到学校各种艺术活动的策划、班级文化的建设等工作中来。有的家长说：“在艺术社团活动中，我们看到社团老师非常注重学生集体观念和合作意识的培养。例如，在管乐团，每个孩子轮流当团长，并做排练总结，合唱团的孩子还有‘导师制’，大孩子带小孩子，使他们更有责任心，更有集体荣誉感。”有的家长说：“我的孩子在艺术社团这样一个温暖的集体中学会了自立自强、互帮互助，团员们关系亲密融洽，每逢演出活动，无论台前幕后、校内校外，他们都互相帮助，共同进步，那温馨美好的情景总能让我们观之动容，甚感欣慰。”有的家长说：“孩子们的校园生活变得丰富多

彩了，艺术给孩子们带来改变，带来成长，带来多彩童年，这就是教育的力量，这就是艺术的魅力。”社会各界对于海淀实验小学艺术教育的发展，也是赞赏有加。在2010年3月北京市金帆工作表彰大会上，市教委体美处原处长王军在总结发言中说道：“海淀实验小学的工作很具有典型性，他们把艺术教育做开了、做大了、做实了，应该是我们金帆艺术团将来发展的方向。”这样的评价对学校艺术教育工作是极大的鼓舞。

有一种感动流淌心间，有一种力量山河奔涌，艺术是生命感动生命的心灵交流，是一种潜移默化的精神影响。作为“全国艺术教育先进学校”，海淀实验小学在经年不懈的奋斗中不断攀登艺术教育特色的新高峰，用艺术之韵陶冶学生情操，用艺术之美装点学生生活，让艺术之光点亮学生人生之路，让他们扬起金色风帆，驶向幸福彼岸！

延伸阅读

《小豆包之夜》央视光荣绽放

舞蹈团的冯老师从雪儿博客上发现雪儿爸爸摄影技术还不错，就请雪儿爸爸做舞蹈团的随团摄影师，本人深感荣幸。雪儿爸爸在十一假期期间和随后多次跟拍《小豆包之夜》排练和比赛的场景，开始是想拍一两组交差就忙活自己的事去，结果却跟拍了很多天，拍了上千张照片。原因是，随着和舞蹈团的老师和孩子们的接触，雪儿爸爸很快发生了“情感沦陷”：我们的老师们太专业、太敬业、太富有爱心了；我们的孩子们太优秀、太可爱了，她们充满童真的笑声、排练时坚强团结的神情一直萦绕在雪儿爸爸的心头，让你不得不对孩子们心生怜惜和欣赏之情。雪儿爸爸是唯一的能有机会在大赛前后和孩子们长时间在一起的家长，因此有责任记录下他们参加大赛的历程。

我准备写三篇博客，分别是“《小豆包之夜》央视光荣绽放”（小豆包作品赏析和记录比赛情景）、“走向央视赛场之路”（记录比赛当天的花絮）和“小豆包是怎样练成的”（记录排练过程），工程量挺大的，除了大量照片要处理还得“码字儿”，但愿俺能有心气儿、有时间最终完成这个计划。

北京海淀实验小学选送的舞蹈《小豆包之夜》在第六届中央电视台电视舞蹈大赛决赛中获得第五名、演员个人第三名的优良成绩，虽然舞蹈未能进入前三名，但这对一个小学来说已经是一个非常了不起的成绩了。这个作品没有地方政府的鼎力推荐和运作，没有大机关的保驾护航，凭借一个小学的力量和作品自身的艺术水准，在全国300个参赛舞蹈中进入了全国大赛的前十名决赛圈，到央视的平台上向全国观众成功地展现了自己的风采。孩子们，你们舞出了最丰富的情感，你们的舞蹈有真正感动人心的力量，这是一个真正为儿童创作，值得慢慢品味的艺术品。《小豆包之夜》的老师及孩子们，你们是我们心中的无冕之王！

《小豆包之夜》的编导方涛老师是一位长期耕耘在幼儿舞蹈创作领域的一流专业编导，她同时也是一名一年级小学生的母亲。方老师以一位“小豆包”妈妈最本真的母爱，以对孩子们最饱满的浓情，截取了一年级寄宿制小学生的一个经典生活剖面，以专业的舞蹈语言表现了第一天离开家庭的寄宿制小学生顽皮可爱又令人心生怜惜的生活场景。以少年儿童的情感为主线，用童心去感受世界，温柔地表现孩子们的内心情感空间以及他们和同伴及老师的亲密关系。这个舞蹈放弃了传统少儿舞蹈在审美上过分追求欢快、喜庆、热闹的风格，而是以一个“情”字贯穿始终，把一位母亲对孩子们的爱深情地灌注和渗透到整部作品中。舞蹈的结构张弛有道、动静相宜，随着情节的推进，使为人父母的成年观众和儿童小观众产生强烈的代入感，大朋友会感觉好像自己的孩子也在其中，刚刚离开幼儿园进入寄宿制小学独立生活的第一个晚上孩子们多么令人牵挂和心疼；小朋友会觉得假如是我，在离开家的第一个晚上我也会孤独也会想妈妈，好在有同伴小朋友的相互关心和老师温暖的“抱抱”！整部作品激发了家长和孩子的情感共鸣，产生了悠长的审美回味。

在表现题材的选取上，《小豆包之夜》具有强烈的先锋意识和创新意识。多年以来，人们普遍感到少儿舞蹈百舞一面，似曾相识，少儿舞蹈题材多数集中在热闹的节庆民俗，穿着花花绿绿民族服装的民族舞，小白兔大灰狼类的拟人化题材，甚至还有一些政治化、成人化的题材。而《小豆包之夜》则独辟蹊径地选取了城市寄宿制小学儿童的主流校园生活场景，在题材的选取上具有填补空白的意义。在低幼舞蹈题材和作品方面，有以空军蓝天幼儿艺术团、河南开封曹老师的作品为代表的一批优秀舞蹈，在小学高年级和中学舞蹈作品方面，有以首都师范大学田培培老师和北京二中孟艳老师作品为代表的一批少儿舞蹈珠玉在前，而在小学低年级舞蹈题材方面，特别是在以现实主义手法直接描写小学低年级学生校园生活的题材方面还没有看到什么作品，至少是没有在主流媒体上看到有分量的作品，而《小豆包之夜》的出现则填补了这一空白。在 2011 年 10 月 11 日央视舞蹈大赛的比赛间隙，方老师和我们聊天时提到，非常巧，正好是在整整一年前的今天，也就是 2010 年 10 月 11 日的晚上，编导方老师和冯老师到海淀实验小学寄宿部体验生活。海淀实验小学是一个一校三址、拥有 4500 名学生的大校，其中一个校区专门招收寄宿制学生，这样的庞大生源和多彩的现实生活给编导老师提供了丰厚的创作土壤。在体验生活的过程中，编导老师们目睹了孩子们晚上刷牙、洗脸、开心嬉闹的生动场景，也看到了有的孩子孤独想家，老师和小伙伴们倾情关心的温馨场面。这些鲜活的场景感动了同为“小豆包”母亲的编导老师，她们很快产生了创作灵感，舞蹈的整体架构和情感主线了然于胸。《小豆包之夜》中很多具体的舞蹈动作都来源于寄宿小学生们的真实动作并加以艺术化提炼而成。这部少儿舞蹈作品完全来自于孩子们的真实生活，连作品的名称和引子都来源于脍炙人口的北京童谣“一年级的小豆包一打一蹦高”，完全是为孩子们创作的，符合少儿舞蹈“情动于中形于外”的本质特征，是一部现实主义和浪漫主义相结合的少儿舞蹈佳作。《小豆包之夜》一经创作完成就在2011年3月举办的北京市第十四届中小学生艺术节上获得舞蹈比赛一等奖，经过较大修改后的版本于2011年9月成功入围第六届央视舞蹈大赛少儿舞蹈10强决赛圈并在决赛中获得第五名的良好成绩。

优秀的舞蹈创意最终要靠小演员们在舞台上去展现，执排老师们和孩子们为此付出了巨大的努力。这个舞蹈有50多个小演员，主力队员是二、三年级的同学，今年五月份这个舞蹈首演时这些二、三年级的同学还是一、二年级的小豆包。九月份新学期开始后，为了参加央视舞蹈大赛，这个舞蹈做了较大修改，又从四、五年级选拔了十多个队员加入这个舞蹈，同时也从刚刚入学的一年级小豆包里面选了三四个有舞台经验的孩子加入了这个团队。从九月一号开学到十月十一号正式比赛不过一个多月的时间，也就是说老师们要在一个月的课余时间内，把这50多个孩子训练到能参加全国比赛的水平，难度可想而知。特别是这中间还有一部分从来没有接触过这个舞蹈的同学，即使上学期跳过这个舞蹈的二、三年级的同学也面临着这个舞蹈的大量修改。冯老师和陈老师两位舞蹈教师面对着这50多个年龄、身体条件、理解能力等各方面差别很大的孩子，以专业的方法、敬业和奉献的精神，把这些孩子塑造成了一个完美的整体。这一个月内的几乎所有的课余时间和包括中秋和国庆在内的节假日，老师们都没有休息，舞蹈教室里总是回荡着她们用沙哑充血的嗓子喊出的口令声。国庆假期连续排练的时候，每天中午孩子们可以躺在练功垫子上舒服地睡一个小时午觉，而老师们总是不停地给孩子们盖被子或者讨论工作，那个场景正是《小豆包之夜》所表现的主题在现实生活中的真实写照。50多个小演员们则表现了他们的刻苦、灵气和团队精神。《小豆包之夜》是动静结合的舞蹈，舞蹈的后面一部分有大量的跳跃和大幅度的动作，刚开始排这个舞蹈时，包括雪儿在内很多人都喊腿疼。每跳完一遍这个舞蹈孩子们都累得气喘吁吁的，当老师发现瑕疵要求重新跳一遍时没有任何人有怨言，都认真地重新做一遍动作。在休息时，经常看见同学们互相纠正和揣摩动作，非常团结。是共同的梦想让孩子们一起飞翔，是团结让他们凝聚力量。学校领导也非常支持舞蹈的排练，国庆长假排练期间，为了让孩子们中午吃到可口的饭菜，学校平时为上千人做饭的食堂专门为这 50 多个孩子加班开伙，可以说方方面面都在后面默默地支持着小豆包们！孩子们更是从这个舞蹈的排练和演出比赛中收获了很多，他们感受团队精神，体会爱与被爱，并尽情绽放她们的可爱与美丽，自信心空前增强。雪儿比赛完的当晚回到家里哭了一场，我们还以为她是因为比赛没进前三而难过，结果她说是因为比赛结束了就不再练小豆包而难过。她特别眷恋那种大家为了一个目标而一起拼搏努力的团队生活，喜欢老师和小伙伴们。

——全文摘自“雪儿博客”

长征接力有来人

在基础教育改革浪潮下，每一所学校都在思索着如何有效提升育人质量的重大课题。要使学校的教育事业具有长远发展的核心竞争力和旺盛的生命力，创新是一条必由之路。海淀实验小学结合时代背景和学校实际，在素质教育之路上不断求索，用创新的思维、发展的眼光、务实的做法，在育人实践中形成了自己鲜明的特色。自 2012 年在人民大会堂成功首演少年版《长征组歌》后，海淀实验小学发现了“长征”中所蕴含的宝贵的教育资源。“长征”这一伟大壮举是一座精神宝库，在社会主义建设事业的新征程中，不朽的“长征精神”依然具有强大的激励作用和重要的时代价值。薪火相续的力量是教育长青的源泉，把长征精神代代传承下去，既是历史所托，也是时代所需。于是，海淀实验小学把握住“长征”这一教育载体，开启了一条特色化、实效化的育人之路，在校园里点亮长征精神的燎原星火，让孩子们手中的接

力火炬光焰万丈。

2016年，习近平总书记在纪念红军长征胜利80周年大会上发表重要讲话，指出每一代人有每一代人的长征路，每一代人都要走好自己的长征路，长征永远在路上。我们这一代人的长征，是要实现“两个一百年”奋斗目标，实现中华民族伟大复兴的中国梦。

有梦就有希望，有希望就有未来。在党的教育方针指引下，海淀实验小学立足开展多年的“长征精神”教育活动，于2016年10月13日在中国剧院举办了“长征永远在路上”主题教育论坛。论坛集中展示了“长征精神”主题教育的丰硕成果，进一步凝练学校的育人理念，让不朽的长征精神更加牢固地植根于每一个学生的心中。活动现场，恢宏磅礴的音乐声中，学生们再次唱响《长征组歌》，深情缅怀、赞颂革命先辈的丰功伟绩；“寻访革命圣地，传承长征精神”研学考察团汇报中，教师、学生、家长代表通过声情并茂的讲述、慷慨激昂的朗诵、生动真实的情境再现，阐述了对长征精神的理解与思考，交流了践行长征精神的体验和感悟，体现了学生们在长征精神教育中的收获与成长；主题鲜明的微队课则反映了丰富活泼的少先队生活，在场的领导和嘉宾为特色中队庄严授旗，将论坛大会的气氛推向高潮……谈到这次主题论坛的成功召开，赵璐玫非常兴奋，因为如此大型的主题教育论坛活动，绝不是一时之功，这里不仅有实验人的辛苦付出，更有学校对“长征精神”教育四年来的探索与实践。

回想“长征精神”教育活动开展初期，赵璐玫说道：“‘适合’是教育的最佳境界，我们正在为‘理想教育’苦苦寻觅适合的内容、适合的载体、适合的机会、适合的形式时，一个机会不期而至。”这个机会就是海淀实验小学2012年有幸承办了经文化部批准备案、由中国传统文化促进会主办的《长征组歌》少年版大型音乐会。在这场音乐会上，海淀实验小学四百余名学生在人民大会堂出演了少年版《长征组歌》。通过合唱、舞蹈等形式表演了《长征组歌》的全部曲目，以艺术手段再现了“中国工农红军两万五千里长征”这一可歌可泣的英雄壮举。一首首荡气回肠的诗篇、一段段昂扬向上的乐曲、一个个艰苦卓绝的画面，震撼着大家的心灵。演出获得很大的成功，看着孩子们那发自内心的快乐和自信，在观众席关注孩子们一举一动的赵璐玫想道：如何让转瞬即逝的歌舞表演教

育效果更持久？如何让历久弥新的长征精神教育活动开展得更深入？如果能把“长征”作为教育“载体”，用它来承载素质教育的多方面内容，并在这个过程中，将革命传统教育与理想信念教育结合起来、将民族精神教育与时代精神教育结合起来、将特色教育与养成教育结合起来，将是一条素质教育的新途径！“是的，这一定是个很好的教育契机。”赵璐玫暗暗下定决心：我们一定要把长征精神传承下去，做好长征主题教育活动。有了这个初步的想法后，赵璐玫召集干部和教师代表开始进行分析和论证，随着研讨的不断深入，实验人越来越清晰地认识到，长征不仅是一次人类精神和意志的伟大远征，也是一段中国共产党领导中华优秀儿女寻求中华民族复兴的伟大征程，开展“长征精神”教育活动的想法就这样确定了下来。

正所谓“内化于心，外化于行”，本着这样的认识，海淀实验小学围绕“长征”主题，开展了一系列教育活动——“长征历史我了解”“长征歌曲我来唱”“长征故事我来讲”“长征足迹我寻访”等形式丰富、内容充实、教育意义深刻的活动，深受学生喜爱。这些活动有的是连续性的，每月都要开展，有的则是阶段性的，有侧重地进行组织。这样既保证了教育的连续性、常态化，又突出了教育的时效性、特色化。除了上面提到的常规小型主题活动以外，学校还注重做好教育工作的阶段性总结与升华，抓住重要时间节点和契机对教育成果进行固化。例如，清明节前夕开展了“‘长征接力有来人’暨《长征》校本教材首发式”主题教育活动，学生们以艺术形式展示在长征精神教育中的收获与感悟，展现学校深化教育改革、推进教育创新的重要举

措;建队日前夕举办了"少年有志,追梦中国"主题教育论坛,通过课程展示、专家点评、师生论坛的形式让"长征精神"教育走进课堂、走进学科。

在开展纵向系列活动的同时,学校还非常注重发扬与时俱进的精神,在"长征精神"教育这个特色化的大主题下,结合不断发展的教育形势与时代背景,将"长征精神"教育与每个阶段的教育重点、热点紧密衔接起来,如与日常的养成教育、"社会主义核心价值观"教育、"中国梦"教育、"中华传统美德"教育、"海淀区文明城区"创建、"文明校园"创建等结合起来,这样的开展模式为"长征精神"教育注入了源源不断的活力,使之与学校其他教育工作横向成系列,从而增强了教育的长效性与实效性。

除了积极开展系列教育活动,实验人还通过营造丰富的情感环境的途径推进"长征精神"教育。学校"校园文化工作室"的教师们整体设计,创设与"长征精神"教育相符的校园宣传环境,学生们可以随时随地了解到长征知识,受到情感熏陶。操场上有长征著名战役展板长廊,领操台上镌刻着长征诗篇,教学楼内墙壁上有长征图片展,各班教室的展板上开辟长征教育专栏，楼道的电视屏幕演示动态的长征路线图，“红领巾电视台”定期播放长征题材影片、歌曲、学生长征教育活动，校门口的大屏幕以“长征历史我了解”为主题有计划地播放长征历史的介绍内容……学生们在这样的环境布置中潜移默化地了解长征历史，感悟长征精神。

教育活动如火如荼地开展起来，环境育人的效果润物无声地渗透下去，但赵璐玫并没有止步于当前，她还将目光投向了课堂教学。课堂，是教育教学的主阵地，是立德树人的重要平台。为了让长征精神教育更加科学化、系统化，学校自主编发了《长征》校本教材。这部图文并茂的教育读物，以《长征组歌》的十首歌曲为序，展现了红军长征的全过程，讲述了红军长征途中的感人故事，讴歌了老一辈革命家的丰功伟绩。《长征》还介绍了红军经过的重点区域、革命圣地以及民族知识、风土人情，链接了有关诗词。这本教材在“把有意义的事情讲得有意思”方面进行了积极的探索，既可以供校本课程使用，也可以供学生自主阅读。依托这部校本教材，海淀实验小学还开始了对《长征》校本课程以及“长征精神”进课堂的探索与实践。这本教材每学期安排两次班会时间由班主任老师组织教学，通过阅读课本内容、查阅课外资料、观看视频资料、开展实践活动、小组合作探究交流，在指导学生初步了解长征历史的基础上，调动情感，激发学习长征精神的主动意愿，感受长征惊天动地、气吞山河的壮举，在震撼中思考、在沉思中追寻，汲取长征迸发出的绵延不绝的精神力量。

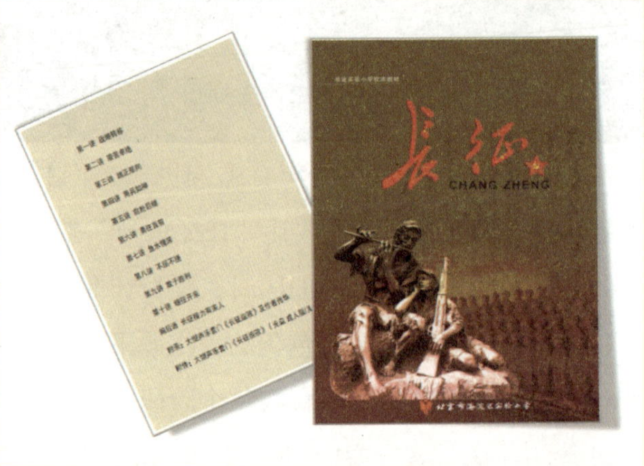

随后，为了进一步加强育人合力、统一育人战线，实现全员、全程、全方位育人，使得人人都成为“长征精神”教育的实施者。学校开始推进“长

征精神”教育的学科渗透，各科教师将本学科教学与“长征精神”教育有机结合，挖掘教学内容中与“长征”相关的教育因子，将知识教学与思想教育进行有机融合。例如，数学课上组织学生利用数学方法巧妙计算，记录长征里程数，做好象征性运动里程计划；思想品德课上结合长征教育主题，为学生讲述长征故事；体育课上组织学生开展象征性长跑活动，并在长征路线图上进行标注；音乐课上学习演唱和欣赏《长征组歌》，扩大传唱度；美术课上组织学生绘制长征故事小报等绘画作品……学科渗透有效地丰富了“长征精神”教育的内容与途径，使知识性与思想性相得益彰，增加了教育活动的趣味性与吸引力。

从参演少年版《长征组歌》，到长征主题教育活动的系列化开展，再到环境的营造、校本教材的开发、学科渗透的推进等，实验人秉承着长抓不懈的坚定信念、开拓创新的探索精神、继往开来的教育自觉，打造出了“长征精神”教育这一闪亮的 教育品牌。说到长征主题教育活动能够顺利开展，

并得到了各大主流媒体的争相报道，赵璐玫讲道：“……开放的眼光、有效地整合利用校内外各种教育力量与资源，对活动的顺利开展起到了极大的助推作用。”正如赵璐玫所说，在少年版《长征组歌》排练期间，《长征组歌》首演参与者马子跃老师和作曲李遇秋老师来到学生中间，为他们讲述红军长征的故事，使孩子们加深了对长征的理解，感情越来越真挚，对歌舞的演绎也更加到位；当学校有了开展“长征精神”主题教育活动的构想时，学校专门邀请了多位专家到校指导工作，如德高望重的德育专家徐刚老师就全程参与了整个活动的开展；在“传承长征精神　锻炼强健体魄”校外象征性长跑活动中，学校邀请了 63916 部队的战士们担任旗手，与师生一起启动长跑活动，并作为校外辅导员全程指导与服务；在校本教材《长征》的编写过程中，学校曾多次向教育专家、教材编写专家请教，请他们进行专业指导；在打造校园文化的过程中，学校虚心听取校外专家的意见，并聘请专业设计人员策划了“长征精神”主题校园文化建设方案；学校专门聘请了英雄航天员景海鹏为校外辅导员，邀请他走进校园做报告，用“特别能吃苦、特别能战斗、特别能攻关、特别能奉献”的新时代“长征精神”激励师生；学校还借助家校

育人的合力，发动家长带领孩子参观军事博物馆、军事基地等，在全校家长会时宣传“长征精神”主题教育活动，让家长了解、支持学校工作……多方教育力量和教育资源的利用，使海淀实验小学的“长征精神”教育活动不但能够高质量、高成效地蓬勃开展起来，而且还有效地扩大了活动的影响力。

长征接力有来人。在近五年的时间里，海淀实验小学在“长征精神”教育之路上从未停下求索的脚步，并在新的长征路上奏响了时代畅想曲。海淀实验小学的“长征精神”教育，无论是升华为民族精神教育，抑或是融入中华美德教育，还是涵养社会主义核心价值观，都将成为推动民族教育走向现代文明的典范，成为实现中国梦、践行教育梦的先锋。正如赵璐玫所说的：“回顾这些年来开展的长征主题教育活动，有我们的坚守，也有我们的创新。在这一过程中，我们看到了学生的收获与成长，看到了创新引领特色教育的丰硕成果，更看到了我们全面实施素质教育的光明前景。长征永远在路上，每一位教育工作者都是新长征路上的接力人，我们要牢记立德树人的重大使命，铸就更多更好的育人品牌，使海淀教育园地里呈现出一派生机勃勃、百花齐放的旖旎风光！”

延伸阅读

海淀实验小学“长征精神主题教育活动”媒体报道一览

序号	时间	内容	媒体
1	2012 年 9 月 1 日	开学日海淀实验小学 唱响长征组歌	海淀新闻
2	2012 年 9 月 1 日	我区各校喜迎新学年 海淀实验小学唱响长征组歌	海淀教育
3	2012 年 9 月 3 日	海淀实验小学开讲 “爱国主义教育第一课”	北京您早
4	2012 年 9 月 12 日	少年版《长征组歌》首演 孩子们接受革命洗礼	北京新闻•都市晚高峰
5	2013 年 4 月 3 日	“长征接力有来人” 主题教育活动在北京举行	中国全球 图片汇总网
6	2013 年 4 月 3 日	海淀实验小学： 唱响长征组歌 传承长征精神	中国教育网
7	2013 年 4 月 3 日	长征接力有来人	中国网
8	2013 年 4 月 5 日	海淀实验小学办“长征接力有来人” 主题教育活动	北晚新视觉网
9	2013 年 4 月 5 日	长征接力有来人	北京晚报
10	2013 年 4 月 7 日	北京市海淀实验小学举行 “长征接力有来人”主题教育	新华网
11	2013 年 4 月 7 日	景海鹏与海淀区实验小学 学生参加主题教育活动	新华网
12	2013 年 4 月 7 日	北京海淀实验小学办 “长征接力有来人”教育活动	中国网络电视台
13	2013 年 4 月 7 日	长征故事入教材 喜闻乐见学“长征精神”	BTV 在线网
14	2013 年 4 月 8 日	长征故事入教材 喜闻乐见学“长征精神”	北京卫视

续表

序号	时间	内容	媒体
15	2013年4月9日	唱响长征组歌 传承长征精神	北京•海淀 政府信息网
16	2013年4月9日	唱响长征组歌 传承长征精神	海淀有线
17	2013年4月9日	北京小学生： 缅怀先烈 传承长征精神	中国教育
18	2013年12月30日	立足长征主题教育 播撒理想教育火种	海淀教育
19	2016年9月28日	长征接力有来人	人民政协报
20	2016年10月10日	小学生重走长征路 娇滴滴的娃娃成了小战士	北京晚报
21	2016年10月13日	长征主题教育深入中小学	CCTV晚间新闻
22	2016年10月14日	海淀实验小学举办 “长征永远在路上”主题教育论坛	北京您早
23	2016年10月14日	海淀实验小学举办 “长征永远在路上”主题教育坛	北京新闻
24	2016年10月17日	长征精神进课堂入社团	现代教育报
25	2016年10月18日	海淀实验小学举办 “长征永远在路上”主题论坛	人民论坛网
26	2016年10月21日	海淀区实验小学 在行进中汲取长征能量	海淀•故事微信
27	2016年10月21日	如何让长征精神永不褪色	德育报

在“小课题”研究中感受真快乐

为了有效转变学生的学习方式，提高学生在学习过程中的主动性、积极性和创造性，海淀实验小学自 2012 年 2 月起，立足“学生研究性学习”这个主题，以学生“小课题”研究活动为载体，引导学生将学校学习、社会生活中的问题确立为“小课题”，在老师引领下，在同伴合作中，在个人思考、实践、探究中，运用课堂学习中获取的知识和能力去发现、研究、解决问题，并在总结梳理“小课题”研究活动的经验成果的基础上，建构起了具有实验小学特色的“小课题”研究学习课程。

在海淀实验小学的校园里，每一天都有很多新鲜的事情发生，2015 年 6 月 12 日的那个星期五，又是奇妙的一天。在学校四层报告厅，六年级十班的四位小球迷正在展示他们“1300000000 ： 11 与 11 ： 1300000000——我们

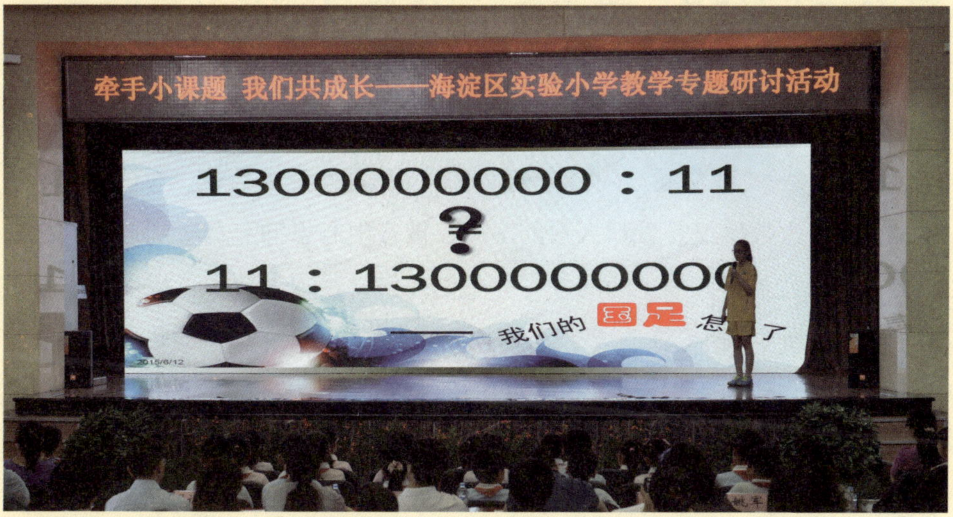

的国足怎么了”的小课题研究成果。光是这个题目就一下子吸引了很多老师以及现场来宾的眼光，而且还是小学生在做研究，大家都感到十分的新奇。在大家的疑惑与好奇中活动开始了。孩子们用深情却凝重的语气抛出了几个问题：“我们的国足怎么了？”“为什么泱泱大国几十年来从未出现过世界级球星？”“为什么足球水平每况愈下？”作为球迷，孩子们同许许多多彻夜守在电视机前看“世界杯”的大人一样，都在困惑为什么中国足球不能出彩，但与大多数人不同的是，他们开始把这个困惑当作有价值的问题，在老师的指点和同伴的合作下，展开了深入的调查和研究。

孩子们发现了问题之后，开始着手文献调研和问卷调查。在查阅了大量相关资料后，他们将问题从一开始的探究“中国为何没有球星和能力不足”集中到了宏观上的“中国足球生存的环境问题”，并尝试用比较的方法进行更深入的研究。在比较对象的选择上，孩子们选择了“唯一参加过历次世界杯的足球劲旅巴西”这样的传统强队，以及“与中国有着近似状况的昔日亚洲不入流球队日本”这样的进步神速强队，总结两国成功经验，找出中国足球缺失的因素。但孩子们并没有止步于此，他们还进一步思考了为何中国的其他运动项目都取得佳绩，唯有足球一蹶不振，同样也采取了比较的方法，选择了“国球”乒乓球作为对比，通过探究其长盛不衰的原因为国足寻找出路。或许在成年人眼中，这些结论还颇为稚嫩，但孩子们通过自己的思考较为深入客观地提出自己的观点，确实能够引发人们的一些反思。

而更为难得的是，孩子们在得到结论的情况下，还进行了问卷调查来验证自己的想法。“我们通过问卷调查发现，在我国踢球人数少，看球、评球人数多，踢球人数仅仅是看球人数的1/3。”被言中心思的听众听到这里，会心一笑。再深究踢球人数少的问题，孩子们提出，踢球人数少，很大程度上是由于踢球场所少，这也就造成了另一个问题：足球在青少年中的普及程度低。以上三点也与他们所研究的三点根本原因相符，因此，在肯定了问题存在的情况下，孩子们也对此提出了建议。他们认为，要寻求国足出路，应在城市内有计划地修建能满足人们需求数量的公益性足球场，所有大中院校足球场应在课余及节假日对外开放，同时应进一步加强足球的系统化培养，建设合理的中小学联赛体制，促进交流。“少年强则国强。奔跑吧，少年，奔出中国足球的希望，奔出中国足球的未来！”振奋人心的结束语，引得现场连声叫好，连窗外的知了也好像在随声附和一样欢唱不停……

这就是海淀实验小学举行的“牵手小课题，我们共成长”教学研讨会上精彩的一幕，它展现了“学生研究性学习”活动的丰硕成果。在这次研讨会上，学生们的研究性小课题可以说丰富多彩、包罗万象，从“蚕豆发芽看水质对植物生长的影响”，到“生活小常识看中西方文化差异”，再到“小球迷们对中国足球利弊的思考”，孩子们的课题涉及了生活的方方面面，研究活动也开展得有声有色，大方、生动的表达更是让嘉宾们近距离感受到了孩子们的成长和变化。

那么，是什么触动了孩子们的神经，愿意用自己的业余时间来研究这些小课题呢？这还要追溯到2012年，那年赵璐玫刚刚主抓学校的全面工作。有着丰富教学经验的赵璐玫深深明白，构建互动互促的师生关系、教学关系，是新课改的重要任务，《基础教育课程改革纲要（试行）》明确指出：“教师在教学过程中应与学生积极互动、共同发展，要处理好传授知识与培养能力的关系，注重培养学生的独立性和自主性，引导学生质疑、调查、探究，在实践中学习，促进学生在教师指导下主动地、富有个性地学习。”在这样的发展形势下，教育已从原来的教师的“独奏”转变为了师生的“共鸣”。主管教学的王校长对于小课题研究，一语道破了其中的奥妙：“我们小课题的特点可以用‘小’‘真’‘实’三个字来概括，老师们甚至给它取了一个名字——‘草根式’小课题。‘小’就是教学中的小问题，‘真’就是工作中的真问题，‘实’就是实实在在，关注实效。”是的，海淀实验小学所推行的小课题研究不是“花架子”，而是老师立足一线教育教学工作实际踏实做研究，并把学生也领上了研究之路。

为了保证学生“小课题”研究活动的实效性和科学性，海淀实验小学在实施的过程中采取的是实验、改进、铺开、再改进的渐进式模式，使得活动开展处于一种合理状态。2012 年，学生“小课题”研究活动首先在花园村校区六年级试点开展，一个学期的实践后，学校组织开展了六年级研究汇报展示，学生们在“小课题”研究的舞台上尽情地展示了自己的风采和能力，一派百花齐放、争妍斗艳的场景。在六年级学生“小课题”研究活动成功实践的基础上，2013 年学校又在六个年级分四个学科、五个类别全面推开“小课题”研究。全体学生都参与其中，低年级学生以观摩为主，自愿参加“发现问题”的活动；中年级学生以“提出问题”为主，培养问题意识；高年级学生以“研究问题”为主，培养初步解决问题的能力。如今，通过“选题碰碰碰”“问题问问问”“成果讲讲讲”等环节，每一个孩子都有一个自己的“小课题”，可以亲身体验研究带来的快乐，有的孩子提出了牙膏中隐藏的数学问题——如何估算出牙膏能用多少天；有的孩子跟大家分享有趣的方言、老北京的胡同、五棵松站名的来源等；还有的孩子细心研究怎样对抗丢

东西，如何背单词更快速、更好玩等，这些数不胜数的小点子犹如颗颗明珠，镶嵌在海淀实验小学教学文化的大幕上，是那么晶莹剔透、闪闪发亮。

孩子们在小课题研究中还发生了很多有趣的故事。有个故事，至今还让赵璐玫记忆犹新。那是在一天下午正常的课间活动时间，赵璐玫接受了六年级晨晨和其他几个同学有关小课题研究的采访。赵璐玫很是意外，这么多年来接受过各大媒体无数次的采访，但是接受学生的采访，这还是第一次。晨晨也把这次采访的所得所想写成了日记，题目就是《我和校长面对面》——

为了完成小课题“网络语言对小学生的影响研究”，我决定去采访赵璐玫校长。可是赵校长会接受采访吗？我们怀着紧张的心情喊了声“报告”，进门一看，校长办公室里还坐着另外两个人。待说明来意后，赵校长冲那两个人一笑，说：“咱们算谈完了吧？”我认出其中一位是副校长，心里不禁泛起了一阵感动，她们谈的事不知比我们的重要多少倍，可是校长那么在意我们，那么平等地对待我们，丝毫不把我们当作微不足道的小孩子，真是和蔼可亲啊。赵校长让我们坐下，我连连推辞，而她却微笑着说，“你们坐下吧！不然我也得站着。”她和风细雨般的话语，一下子化解了我心中的紧张。

赵校长十分认真地配合我们的采访，她重视我们提出的每一个问题，其中有的问题一口气回答了足有七八分钟。整个采访进行了半个小时。为了将自己的观点解释得更清楚，赵校长不断引用实例加以说明。例如，当我问道“怎样才能正确使用网络语言”时，她说：“孩子们记得我们的校训吗？‘守真’，即追求真理；‘从善’，即向老师、家长、学长学习其优长之处；‘修美’，即要求同学们使用美的网络语言。”赵校长回答问题时深入浅出，生动、形象、具体，真是妙语连珠。

采访过程中，我发现赵校长对问题的思考站得高、看得远。她多次引用习总书记对小学生的要求。这些话高屋建瓴、内涵深刻，使我们豁然开朗。最后赵校长总结说：“对网络语言这一新兴事物，我们小学生时刻要记住要求，心有榜样，从小做起，接受帮助。”

采访完毕，已经上课了。赵校长不仅提醒我们以后不要占用上课时间，还应我的请求，写了一份证明，表明我们一直在采访，请老师原谅。拿着这份校长亲笔写的证明，我的心暖洋洋的，我们的校长可真是贴心啊！

在这次与校长面对面的过程中，我不仅对自己的研究课题有了更深刻的理解，而且更收获了平等、尊重与自信。在校长关注的目光下，现在的我们是“小荷才露尖尖角”，未来的我们必将是“映日荷花别样红”！

由此可见，海淀实验小学的学生“小课题”研究学习活动遵循教育规律和人才成长规律，契合教育改革的客观需要，促使学生在间接经验与自身已有知识、经验发生碰撞、整合、建构的过程中提升研究能力、学习能力、合作能力，并获得一种真快乐。在收获硕果的同时，学校没有就此止步，而是在专家的指导下，引领干部、教师一起进行“小课题研究活动课程”的建设，形成了一个完整的、系统的活动课程。在课程评价方式上也进行了一次全面

的创新。2016年六年级毕业考试便以学生“小课题”研究汇报取代了原有的纸笔测试，这种评价立足于学生综合运用知识的能力、学习的兴趣、小组合作能力等多角度进行考评，由此评价就由原来的单纯鼓励转向了以评价诊断为主的形式，有利于促进课程的优化。这样的评价关注的对象是一个学生的能力、情感、态度、价值观等综合变量，这种变量的测评必须来源于一个兼顾过程的评价体系，这样的评价从课程内部来，同时又反哺课程的发展，内外力的契合融合使得学生小课题研究学习课程形成了良性的发展。

小课题，大智慧。“小课题”研究学习课程的建设充分调动起了学生的学习兴趣和积极性，使他们在研究性学习过程中体悟到，“小课题”研究不仅是某一学科知识的综合运用，更是各学科知识的融会贯通，让学生的学习方式更为开放、自主，实现了“不同色彩，交相辉映；不同起点，自我超越；不同跑道，异步同行”的愿景，打造出具有海淀实验小学特色的研究性学习文化。

延伸阅读

"小课题"研究，为教师专业发展助力

海淀实验小学自开展小课题研究以来，得到了各级领导和教育专家的高度肯定，北京市海淀区教育科学研究院院长吴颖惠同志是这样评价的——

教师研究的根本目的是提高教师职业的文化品位，促进教育教学的改进和教育质量的提高，进而促进教师的专业成长。教师的研究不同于专业教育研究者的研究，目的不在于形成学术成果，建立学术流派，而在于解决教育实践问题，不是创造知识、创造成果的研究，而是一种基于课堂教学现实的研究活动。

近年来，在实践中兴起的、被中小学教师广泛接受的这种教育科研方式，被实践工作者统称为"小课题"研究，海淀实验小学敏锐地将它作为学校教育科研的主导方式，带动学校全体教师积极投入课题研究。

从某种意义上看，中小学教师所从事的教育科研，就是一种基于教学过程的"小课题"研究。小课题研究有明确的问题针对性，针对教育教学过程的真实、具体问题；研究周期比较短也比较灵活，不拘泥于严格的开题与结题过程；研究成果的形式也比较多样，其解决问题的办法与途径可能就是研究成果，教师在研究过程中形成的点滴思想智慧也可以是研究成果。小课题研究尤其重视教师的教育随笔、教育反思、教育叙事和教育案例，强调教师要积累教育反思和案例，在反思、随笔、案例的基础上，形成教育论文，最终总结提升成教育研究成果。正如著名教育家朱永新教授所言："中小学教师从事教育科研，就是应该从记录教育现象，记录自己的思考，记录自己的感受开始。把一颗颗珍珠串起来，那就是一条美丽的项链。"小课题研究让教师的研究从观察教学、分析教学开始，经历一个有意识、有目的、有计划的课堂实践过程，再在研究实践过程中反思教学、研究教学、提升教学。

小课题研究应该起始于教育问题，终结于教育改进，研究过程就是教育实践的过程，就是教育问题解决的过程。这种小课题的研究，能够让教师的常规教学工作富有思想的内涵，让教书变成一种科学的、理性的工作，确保了教学过程的科学性和有效性，教师也在教学过程中提升了职业的品位，促进了自身专业的发展，而教师的专业发展最终又必然会影响到教学的过程，影响到学生的学习效果和质量，这样，通过倡导教师开展小课题研究，就真正能够达到“教学相长”的目的。

海淀实验小学开展的小课题研究，从本质上来讲是一种行动研究，也是一种问题解决式的研究。与专业研究工作者相比，教师从事小课题研究相对比较简单，省略了许多专业研究过程过多的“程序化、形式化”的内容，更加追求“问题解决的有效策略”。一般而言，教师开展小课题研究都采用行动研究的方法，其研究程序包括提出问题、设计课题、制订计划、实践探索、反思实践、提升经验和效果评价等，不单纯追求开题和结题的过程，而是强调在实践过程中解决问题的程序，以及对解决问题实践过程的反思。也可以说，教师开展小课题研究就是在一定教育思想和理念指导下的行动解决方案，行动方案的实施过程就是思想理念的形成过程，也是教育科研的基本过程。

实验小学的小课题研究注重研究过程，但是同时也强调研究的成果。小课题研究要注重在研究过程中积累资料，每一个环节和步骤都要积累相关的过程材料，通过方案、计划、总结、教育叙事、案例、课例、研究日志、学习笔记、资料摘记和相关学生作品等多种形式，翔实地记录研究过程。这些记录过程的资料也是撰写课题研究报告的依据和展现课题成果的主要内容。

小课题研究尽管“小”“真”“实”，但既然是研究，仍然强调一种合作研究，要求由几位志同道合的教师组成研究小组，也可以以年级组、学科组为单位进行。即使一些非常小的教育问题，如教师在教育实践中遇到的一个实际问题、一个困惑、一个现象、一个学生、一种方法、一次活动等，如果要成为小课题研究的内容，仍然要强调教师同伴之间的交流合作，在反复交流讨论的基础上，不断验证自己解决问题的策略，提高分析研究教育问题的能力，形成科学的研究结论。

为了确保小课题研究过程扎实有效地开展，海淀实验小学制定了校内的小课题研究管理办法，如“小课题管理档案”“小课题研究过程手册”“小课题成果发布会”等，用教科研管理的方法来确保小课题研究的各个环节，使每个步骤都落实，取得了非常好的效果。小课题研究是学校教科研管理制度的创新，是教师专业发展的根本依托，也是促进教师专业成长不可缺少的学校内部管理机制和制度。

为了帮助教师更好地选择和开展小课题研究，海淀实验小学教育科研室还帮助教师设计“问题征集卡”，要求以年级组、学科组的形式建立教师“问题库”，即把自己在教育教学中遇到的困惑或难题、观察到的其他教师遇到的问题、学生身上出现的新问题等记录下来，当教师想进行小课题研究时，就不必为找什么研究题目而费脑筋了。教师可从自己的“问题库”当中选择当前最想解决同时也是最需要解决的问题，作为小课题进行研究。

总之，海淀实验小学选择实践中真实、具体而又制约教育教学发展的小问题加以研究。通过研究，较好地解决了这些问题，能够推进实际工作向前发展，这样的课题研究无疑是有价值、有意义的。小课题研究让教师以研究的态度和方式对待教学改进工作，把研究作为教师工作的应有之义，这不但不会增加教师过重的研究负担，而且能够调动广大教师参加课题研究的积极性和自主性。在这个过程中，教师不仅解决了教育教学中遇到的问题，也提升了自身的教科研素质，激发了教师参与教科研的内驱力，同时有助于教师克服职业倦怠，提高职业的品质，真正使教科研成为教师专业成长的不竭动力。

知行合一　重在实践

知行合一，是重要的教育规律。在实践中加深认识，在体验中增强情感，实践活动作为课堂教学的延伸和补充，在德育过程中发挥着不可替代的作用。海淀实验小学一直以来尊重教育规律，积极开展社会实践和学科主题实践活动，从实践层面上培养学生人格、提升学生社会实践能力，在活动中探寻真知、践行善举、树立美德，扎实落实立德树人的根本任务。

“教育者，养成人性之事业也。”我国著名教育家蔡元培先生言简意赅地道出了教育的核心——“立德树人”，这是万千教育工作者孜孜不倦探索的教育命题。党的十八大报告指出，把立德树人作为教育的根本任务，培养德智体美全面发展的社会主义建设者和接班人……培养学生社会责任感、创新精神、实践能力。为此，2016 年 9 月，《中国学生发展核心素养》正式出台，总结提出“文化基础、自主发展、社会参与”三大类核心素养，北京市教委 2015 年 7 月实施的《北京市实施教育部〈义务教育课程设置实验方案〉的课程计划（修订）》中第十二条明确提出，综合实践活动课程是国家和北京市规定的必修课，包括学科实践活动、信息技术、劳技、研究性学习、社区服务和社会实践等，旨在使学生通过亲身实践，综合培养人文、科学素养，培育和践行社会主义核心价值观，提高综合运用知识解决问题的能力、交流与合作的能力、创新意识与实践能力。要让学生有适当的劳动体验，通过出出力、流流汗，培养学生正确的劳动价值观。

作为一直行走在教育教学改革实验前沿的海淀实验小学，对于“培养什么样的人，如何培养人”的问题，始终都在进行着深入的思考和不懈的实践探索。近年来，海淀实验小学不仅在小课题研究上有所突破，更是在努力推动以核心素养为导向的课程体系建设，通过构建全面育人的课程体系，培养学生看得见、摸得着的核心素养。学校为了促进综合实践课程的有效实施，让每一个学生从中掌握知识、提升素质、体验合作的快乐，学校在活动的设计上打破学科界限，按照自然与环境、健康与安全、数据与信息等不同领域进行主题划分，在课程设置上充分尊重学生的兴趣、爱好及心理发展需要，切切实实做到了让学生在合作中学习、在实践中体验、在创新中成长，为他们适应未来社会的发展提供了更加广阔的空间。

为了学好语文课文《落花生》，学校把课堂放在了校外，组织相关年级来到北京阳光少年教育基地。对于孩子们来说，这或许只是书本之外的新奇体验，但老师们会思考得更加深远。许多城市里的孩子都是在长辈的宠溺中成长的，或许他们会在家中帮助父母做些力所能及的家务，也会在“光盘行动”时背诵“谁知盘中餐，粒粒皆辛苦”……但是终究他们还是温室里的幼苗，室外的风霜雨雪都不过是成年人传递给他们的信息，这种信息是通过不断地加强记忆而形成的，并不是他们的原生体验，不能真正成为他们的实践能力。

海淀实验小学给了学生一个真正体验的平台，从走到田间分辨花生到拔秧抖土收获果实，从蹲在灶台边燃柴生火到炒花生时搅动黑沙，数年后，当学生们遇到更大的困难时，他们或许会回忆起小学时代实践活动中灶台上升起的烟雾，忆起已经酸疼到抬不起手还在做的不懈坚持，也记得自己炒制香喷喷的花生和老师温暖的目光，这些都将是他们人生中宝贵的成长经历。

在“炒花生”的基础上学习课文《落花生》，这是海淀实验小学进行学科实践活动的一次有益尝试。近年来，海淀实验小学把主题实践活动落实到每个学期的计划中，真正让孩子们在参与中感受实践之趣。随着新一轮课程改革方案的出台，学校针对不同年级、不同年龄学生的特点，利用海淀区“三山五园”的景点以及首都丰厚的历史文化底蕴，根据所学知识安排了不同主题的学科实践活动。例如，三年级的学生一边欣赏紫竹院公园美景，一边完成学科实践任务：有的学生在院内寻竹赏竹，感受中华传统竹文化的博大与精彩；有的学生在园中绘景写景，感受春日的温暖与美丽；还有的学生实地考察、辨认地形，结合数学学科知识绘制出精美的公园平面图。四年级的学生进入抗战雕塑园立刻被一座座造型独特、设计精美的雕塑艺术品所吸引，

驻足观赏的同时思索作者的创作意图，交流彼此的感受……在看一看、问一问、想一想、找一找、说一说的实践体验中，真真切切地去感受“学科实践活动”这一学习新天地的魅力。

在教育时空中，资源是无限的。丰富的校外实践活动资源，蕴含着无穷的育人功能。学校除了组织开展学科主题实践活动，还借助校外的场馆资源和实践基地丰富学生的实践内容和体验。学校聘请航天英雄景海鹏为校外辅导员，给同学们讲述英雄航天员成长与坚持的故事；把握国家重大活动的教育契机，组织学生代表参加为国家元首接机献花仪式，学习和感受国际礼仪，开拓学生国际视野……这一切都是通过多维度开放的课程资源，由教师、家长、社会人士等共同构成的统一战线，实现课内外结合，校内外结合，全面育人，为学生成长服务。

值得一提的是，海淀实验小学为贯彻落实京津冀协同发展重大战略和党的十八届五中全会提出的“构建中华优秀传统文化传承体系，加强文化遗产保护”的新要求，让非物质文化遗产走进校园。学校在传承的基础上求发展——结合“非物质文化遗产”开展传统节日主题文化活动，精心策划并有序组织了全校性的“非物质文化遗产”主题活动，学生们通过亲身参与正月制作北京小吃（面塑）、春节剪窗花（剪纸）、中秋节画兔爷等传统美术艺术

实践活动，深刻体会和感悟祖国“非遗文化”丰厚的人文蕴涵和独特的艺术魅力，大大提升了孩子们对“非物质文化遗产”的关注，对民间美术的喜爱和民族自豪感。在众多的“非物质文化遗产”美术作品中，师生们亲手制作的46件精品，被选送参加第二届京津冀“非物质文化遗产”作品大展，得到教育部“非物质文化遗产”总课题组专家的高度评价。

“纸上得来终觉浅，绝知此事要躬行。”海淀实验小学把学科实践和社会实践作为重要的教育手段，积极策划和组织学生在过程中学习知识，掌握技能，陶冶情操，提升认知，以行育知，寓教于乐。在素质拓展中互帮互助，学会合作；在职业体验中变换角色。感悟人生；在“经典诵读”活动中学习先秦诸子百家文化；在班级“环保”文化布置中渗透节能减耗的生活理念……每一次活动和体验，都能让孩子们看到课堂之外的广阔世界，参与到他们所

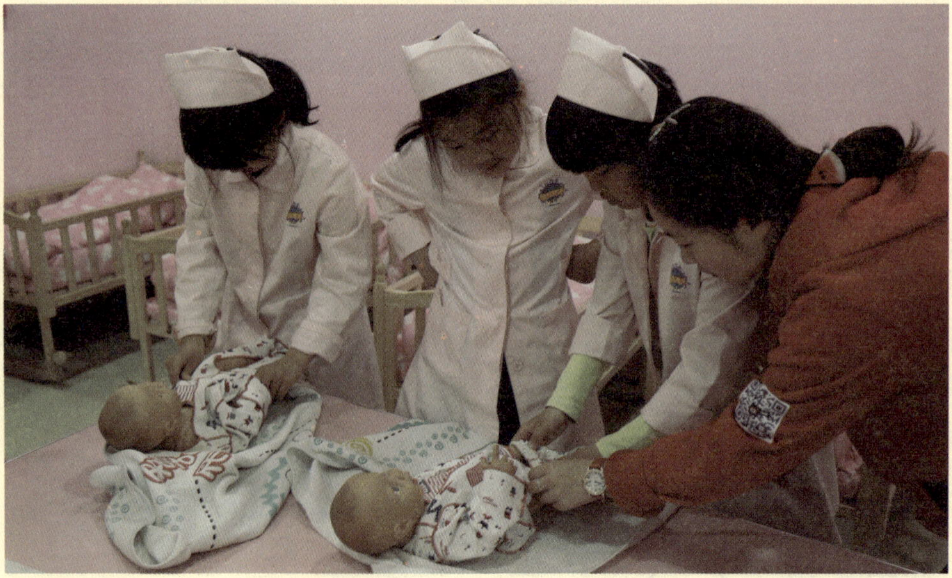

好奇和渴望的未来生活中，这对孩子们的一生来说，意义深远。

“千里之行，始于足下。”每一次实践都是心灵的洗礼，从学生们参与、体验和感悟的过程中，海淀实验小学的学生们收获了快乐，体验了成长，从而也看到了首都小学生的魄力与风采。

延伸阅读

家长留言

又是金秋开学时，我们怀着感激和依依不舍的心情，向海淀实验小学的领导及老师们，致以最诚挚的祝福和最崇高的敬意：教师节快乐！

这个夏天，

我们就要说再见。

一念间，

都化作昨天，

那最美的瞬间和明天。

心念，

言间，

总有一天，

我们还会相见……

笑了，哭了，聚了，散了。

六年了。

第一年盼着时间快走，

最后一年却多么希望停留在那个时刻，

曾经和你打得不可开交，

现在才发现你的好。

总觉得一些事好无聊，

突然明白其中的意义……

擦干眼泪，转身离去，不舍……

再见，再见……

这是我们的女儿在QQ上的毕业留言，署名是“想要留级”。此时，她已坐在人大附中的教室里继续学业。我们不禁想问：是什么让她如此留恋海淀实验小学？

六年来，女儿品学兼优，先后担任过少先队中队长、大队委，年年被评为“优秀少先队员”，连续三年被评为海淀区“三好学生”，并荣获北京市“红领巾奖章”。更令她难忘的是，在校金帆艺术团舞蹈团六年，与小伙伴们一起参加中小学生艺术节展演，四次获得北京市一等奖，去年还获得全国一等奖……如果说，荣誉带给女儿骄傲和自豪，“授之以鱼”，那么，快乐和锻炼则带给她美好的记忆与端正的品行，“授之以渔”。

在人们印象中，热衷艺术活动的人往往学习成绩平平。有专业人士还从生理结构上解释过形象思维与逻辑思维的差异。而贵校舞蹈团的孩子们打破了这个印象：跳舞，她们上场如虎、气势如虹，逢赛必赢、赢即夺冠；学习，她们排练紧张不误功课，压力越大，成绩越好；品行，她们习惯优良、举止文明、互帮互学、积极上进，曾有一年，学校选举出13个大队委，7个是舞蹈团队员。

是什么让舞蹈团的孩子们如此优秀？我们曾多次参加舞蹈团的活动，发现了老师的三个“秘密”：一是生活关爱。对孩子夏防日晒雨淋、冬避风寒雪冷，从喝水多少、梳妆打扮，到零食挑选、安全保护，无微不至，关爱有加。以至于有的家长都自叹不如，“不是妈妈，胜似妈妈”。二是情感交融。闲暇时与孩子们共嬉同乐、息息相通，孩子们有了什么秘密，受了什么委屈，都愿意告诉老师，分享快乐愉悦，得到慰藉指点，“不是姐姐，胜似姐姐”。三是管理严格，排练时一丝不苟、精益求精，上场前鼓舞士气、如狂如痴。关注细节小节、培养良好习惯，注重公平公正、保护每个孩子，“不是班主任，胜似班主任”。正是这种集“妈妈、姐姐、老师”于一身的完美融合，让孩子们感受到学校的真爱、力量和美好，迸发出捍卫荣誉、实现梦想、创造奇迹的激情，并留下刻骨铭心的记忆，育成自强不息的品格。

人类发展的历程证明，人的思维方式、行为习惯和文化传统，即人的素质，对个人、民族和国家的文明进步至关重要，正如一位日本哲人所说：“知识不如智力，智力不如素质，素质不如自觉性。”从小培养和提高孩子的综合素质，是学校教育的义务。从舞蹈团的出色，到管乐、合唱和京剧等社团的成就，再到“长征”主题教育活动的延伸，贵校不仅自觉地履行义务，而且让孩子们乐在其中、引以为豪、人人争先、追求完美，以艺术之花彰显德育之美，形成了特色和传统。这正是让孩子们魂萦梦牵的魅力所在。

在此，我们真诚地感谢把全部青春化作大爱的舞蹈团冯老师，以及功不可没却不能一一列举姓名的所有老师！你们的付出如和风细雨，滋润着千家万户和民族的希望与未来。

科技之光照亮未来

2015 年 1 月 9 日，中共中央、国务院在北京隆重举行国家科学技术奖励大会。国务院总理李克强代表党中央、国务院在大会上讲话，特别指出，创新是中华民族生生不息的秉性、发展进步的动力，人民是创新的主体。我们将坚定不移地走创新驱动发展之路，进一步解放思想，解放和发展社会生产力、激发和增强社会创造力，促进社会公平正义，使人人皆可创新、创新惠及人人，在全社会兴起万众创新的热潮，使中华大地处处充满无限生机和创造活力。加强青少年科技教育是实施科教兴国战略的基础性工程，对于提高学生的创新精神和实践能力具有重大意义。海淀实验小学的科技教育，努力实践“守真、从善、修美”的育人理想，以推动学生全面发展为宗旨，遵循“普及与提高共推进、校内与校外相结合”的原则，一手抓基础，一手抓特色，使得科技教育工作高效蓬勃地开展起来，全面提升了学生的综合素质，使学生从小培养起科学精神和探究意识，用科技之光照亮了学生的精彩未来。

海淀实验小学每年都用各种形式让“科技月”的嘹亮号角响起，那时海淀实验小学就成了欢腾的科技乐园。学生们制版画、尝蜜饯、研究花草、听科普讲座、讲科普故事、创作科幻绘画、交换科技小制作……快乐地投入浓浓的科技创新氛围中。学校以全员参与的科技活动为抓手，营造科技创新的育人氛围，充分发挥学生的天性，让他们在快乐的探究、丰富的实践中放飞科技梦想。

科技节期间，学生们还会在学校的组织下走进科技馆、天文馆、自然博物馆，在参观、实践、学习、思考的过程中丰富科学知识、开阔视野，切身

感受科技的神奇与魅力——天文馆中，学生们争先恐后地加入到“玩转星空”的互动活动中，4D电影《穿越寒武纪》中的罕见生物、穹幕影片《宇宙探秘》中的奇幻太空都深深地吸引着学生们。学生们通过亲身体验、模型演示、参观展品了解地球以及宇宙的奥秘，增长天文学知识，培养独立思考的能力和勇于探索的精神。自然博物馆中，学生们走进植物馆、古生物馆、水生生物馆和神奇的非洲等场馆。每到一个场馆，同学们都饶有兴趣地驻足参观，互相讨论，并拿出笔记本认真做记录，对地球上生命的产生、发展以及多样性有了初步的了解……

为了开阔学生视野、拓宽科技教育途径、丰富科技教育手段，学校还邀请科学院的专家、教授们为学生做科普讲座。中国科学院空间科学与应用研究中心研究员张厚英教授、陈贺能教授等都曾走进海淀实验小学这座科技教育的乐园，与学生们做深入、愉快的科技交流。著名科普剧作家赵明女士通过学生喜闻乐见的形式，潜移默化地激发学生对科学的兴趣；中科院专家陈贺能教授所做的题为“科学技术能使人类生活更美好”的专题讲座，引导学生了解、探究生活中的科学现象，鼓励学生大胆想象，走进科学殿堂……谈到将著名科学家们引进校园的初衷，赵璐玫语重心长地表示：“之所以要让科

学家来到学生身边，是要让学生们感觉到科技并不遥远，科学家并不神秘，大家都可以拥有自己的科技梦想，这也是一种科学意识和信念的建立。”

关于科技教育的普及与提升，赵璐玫还讲道：“科技教育要一切为了学生、高度尊重学生、全面依靠学生，在全面普及的基础上有所提高，在发挥天性的基础上突出特色，让学生在探索中守护科学真理、发现科学美感、追求科学创新。”正是在这样的教育理念指引下，海淀实验小学的科技教育之路才能越走越宽、越走越精彩。2010 年，由教育部、中科院、清华大学、北京市教委、海淀区政府等领导、科学家、教育家共同签署宣言启动的“创新人才培养千人计划”活动开展以来，海淀实验小学就开始与清华大学研究人员合作组建研究团队，并根据清华大学重点课程研究开发适合小学生的电子制作实践活动。活动中，学生走进清华大学实验室，在导师的引领下了解当今电子技术发展的历程，学习焊接技术，亲自制作优盘、收音机、MP3 等电子产品，学习知识、开阔视野，锻炼了科技思维及动手能力。杨建琦同学所做的题为“我的创新我做主”的结题报告还在 DI 比赛中获奖并得到专家的一致好评。高级工程师杨兴华、研究员高建兴等负责人看到学生们在科技探索

方面的卓越表现欣喜不已，还多次与学校联系，希望与学校建立长期合作关系，挖掘在科技方面有兴趣、有潜力的创新人才，并进行跟踪培养。随之，学校进一步加强与各高校、实验室的合作与交流，开展了机器人、金工铸造等一系列不同主题的科技实践研究活动。

学校还开设了单片机、DI 头脑创新思维、无线电测向、定向越野、建筑模型等丰富的科技兴趣小组。这些深受学生喜爱的小组活动，有固定的活动时间及场地，具有良好的硬件、软件保障。小组活动活跃且规范，每次活动都有详尽的内容、情况等相关记录及活动小结。与此同时，科学小论文、小发明、小制作、科幻画、电脑模块、观察日记、机器人创意、科学幻想作文等科技活动及比赛，既活跃了学生的课余生活，丰富了学生的科技知识，也增强了学生的科学素养和科学意识。

科技之光，启智导行。在开展科技教育的过程中，实验人深深明白，科技教育是实施素质教育的重要渠道，必须以科技教育为中心，瞄准发散点、注重辐射性，将科技教育融入对学生的道德教育、素质教育、整体教育、生命教育，构筑科技教育的广阔外延，让学生在科技教育中养成一种习惯、形成一种意识、培养一种精神。为此，学校还专门成立了科普剧团，指导学生在编排、表演科普剧的过程中拓宽思路、学习知识，更重要的是尝试用科学思想来解释生活中的科学现象。在撰写科普剧本的过程中，学生们将科学知识与环保的理念、珍惜生命的理念相融合，创作出了精彩的《请把小鸟留下来吧》《水中的神射手》等剧目。在中国科学院研究生院举办的“第二届中国科学院青年科普创意大赛”颁奖晚会上，学生们表演了自己独立排演的科普剧，悠扬的琴声、灵动的舞蹈、天籁的歌声……演员们动情，观众们忘情。学生们发出倡议：保护环境，善待生命！这不仅受到在场领导和科学家的一致好评，也让大家看到科学正以其丰富、生动的形式成为生命教育的有效载体。而在受到学生们普遍欢迎的“科学种植”活动中，学校向学生免费发放植物种子、花盆和营养土，讲授种植知识，鼓励学生亲手栽培植物，并做好科学观察记录。在种植的过程中，学生们不仅学习相关的科学知识，更提升了对生命的尊重与爱惜之情。有的学生在活动心得中真挚地写道，种植的过程让他体会到照顾生命的辛苦，从中体会到父母养育自己的不容易，自己要更加孝顺父母。海淀实验小学的科技教育不仅在培养学生的科学观，对学生人生观、价值观的培养也具有积极的作用。

“我们觉得小学科技教育要注重文化层面和精神层面的发展，让学生们在科技教育中体现出自我、体现出主动、体现出信心、体现出成长发展的欢声笑语，进而生成对科技的情感，让热爱科学、勤思善学的精神伴随他们成长。”赵璐玫如是说。花开满园，不囿院墙，清香四溢，兼采众长。在既全员参与又专项培养，既校内精耕细作又校外广泛取经的基础上，海淀实验小学的学生们畅游在科技教育的海洋中，感受着思维的活跃、精神的丰盈。

小荧屏　大天地

近年来，随着信息技术的发展，校园电视台以其科技含量高、信息容量大、感染力强等优势，成为学校德育工作的新平台。早在 20 世纪 90 年代，海淀实验小学就建立了自己的电视台，时序进入 21 世纪，学校红领巾电视台更以其独特的魅力为学生开阔视野，启迪心灵，在道德情操、意志品质和行为习惯的培养等方面吹响前进的号角，为学生的幸福成长添彩助力。可以说，电视台发展正如赵璐玫所希望的，利用听得见、看得见，“实”“活”“新”“趣”的特点，探索着德育的新方式、新渠道，全面提升了德育的针对性和实效性。

“红领巾电视台是学生自己的电视台，学生是电视台建设的主体。”这是海淀实验小学建立电视台的初衷。学校电视台的运作主要由宣教部门负责，电教组老师主要负责电视节目的编导、拍摄、剪辑等工作，确保管理规范化，运作正常化，使电视台成为打造锤炼学生人文素养的“育人天地”。走进校园电视台，演播室中摄像机、编辑机等媒体设备一应俱全，分别按照功能划分为录课区、编辑区、访谈区等 7 个区域，多年来从最初的一月一播，到一周

播出 30 分钟自制节目，期间付出的努力可想而知。

为了充分发挥学生的主体作用，学校积极调动学生的参与意识，使学生关注和宣扬校园生活的方方面面，成为红领巾电视台的小主人。电视台的“小记者团”，团员人数由最初的十余人发展到现在的 40 余名。几年来，小记者们用学到的知识去实践，亲自尝试体验电视台工作。例如，跟随社团外出采访、走进演播室录音录像、用记者的视角去观察校园生活进行投稿、就新闻内容采访学校师生、参演校园小片做小演员等，小记者们充分体验着记者、编辑、主持等多重身份，实实在在得到了锻炼。

为了提高学校“红领巾电视台”主持人的素质，增强“红领巾电视台”的吸引力、凝聚力和影响力，学校以培训为抓手全面提高小记者的专业素质。培训中采用灵活多样的教学方法，邀请专业人士就电视节目的程序、板块、制度、注意事项等方面做了要求，同时在稿件的撰写、主持和播音的技能技巧等方面做了具体指导。培训为爱好电视节目制作的学生提供了交流和展现才能的平台。通过专业培训，小团员们语音更加标准，表达也更加自然大方，在对信息进行采集、筛选、应用、反馈中，逐渐提高了信息的整合能力和反映事实、表达观点的稿件撰写能力。一大批小主持人得到了锤炼并茁壮成长起来，在学校的开学典礼、各类主题教育活动和专场演出中崭露头角。

乐乐是校园电视台资深的新闻小主播，在电视台快乐成长的日子给他留下深刻的印象。笔挺的呢子外套，酷酷的发型，活泼开朗的性格，流利标准的发音，这是人们见到乐乐的第一印象。“其实第一次在红领巾电视台做小主持可紧张啦，但是经过老师的指导和不断的训练，感觉做小主持真是一件很有意思的事情，而且也让我学到了不少新知识。”说起自己的主播经历，乐

乐的脸上写满了兴奋与自信。别看小主持人表面风光，但其实凝聚了小主持人在平日里数不尽的努力付出，离不开日日夜夜的精雕细琢和勤学苦练。还记得自己第一次播报主持时紧张的情境，乐乐和搭档在指导老师的帮助下查阅了大量的材料，进行了多次的练习，对着镜子看到的自己也是带着沉稳的主播范儿，本以为稳操胜券了，但是当端坐在摄像机前，在静得连喘气声都显得格外明显的演播室时，反倒紧张得透不过气来了。乐乐和搭档一遍又一遍地思考每句话对应的动作，和搭档默默地给对方打气："别紧张，咱们一定行！"伴随着欢快的乐曲，节目开播了。乐乐按照原来设计的台词开始背诵，在克服紧张的同时还要想着下一个问题，想着如何组织语言，想着如何应答搭档的提问，气氛表面上看着和谐融洽，其实内心怦怦乱跳，甚至觉得时间仿佛在一瞬间凝固了。原来电视台主持人并不像自己想象中那样，只是光鲜耀人、轻松愉快，而是需要强大的心理素质和精湛的表达功底。随着节目的顺利进行，乐乐和搭档的配合也越发的自如和流畅。他们一鼓作气，把提问环节和演示环节完美地按照计划完成了。一次的主持播报结束了，乐乐长长地舒了一口气，这"第一次"的经历，让乐乐充分体会到"台上一分钟，台下十年功"的滋味，也同时收获了满满的自信！

社会是一个大课堂。几年来，海淀实验小学的红领巾电视台正尝试着把学校教育、家庭教育、社会教育有机融合起来。镜头不能只聚焦在小小的校园中，还要让孩子们看到外面的世界。以积极进取的态度面对人生，学会正确看待学习、工作、生活。海淀实验小学着力于把学生丰富多彩的校园生活作为教育素材，收集大量学生身边的典型事例，用鲜活的案例教育学生、影响学生、唤醒学生对生活的深度思考；同时，对促进小学生思想道德的建设，展现良好的校风校貌，也发挥着积极地宣传、导向作用。目前，学校结合办学特色和学生需求将栏目分为三大类：新闻类、综合类和专题类。

新闻类栏目，以学校教育教学活动为主要内容，由详细新闻和一句话新闻两部分构成的“校园零距离”，在这里不仅有校园里每天发生的新闻，更有结合国内外重大事件巧妙地把爱国主义教育融入其中的时事信息，拉近了学生与祖国之间的距离，较好地培养了学生的爱国情怀，同时，成为宣扬社会主义核心价值观的核心阵地。

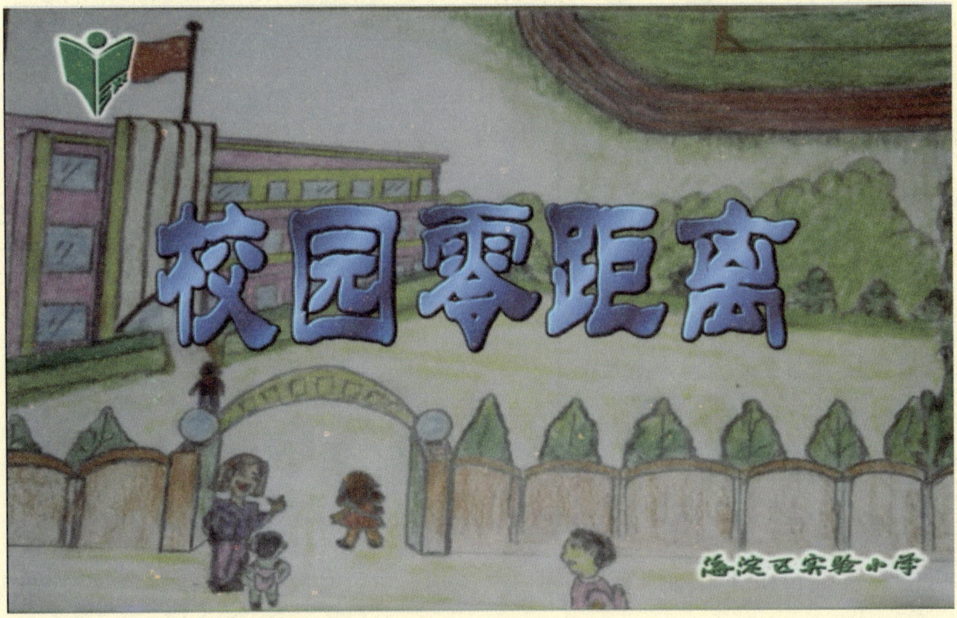

"综合类"栏目包含"成长加油站""听说很好看""你该怎么办""走进奥妙屋""你拍一我拍一"等多个板块。"成长加油站"的主要内容是公益宣传，主题的拟定都是与队员最贴近的内容，如进校礼貌、上下楼要求、随手关灯、节约用水、排队有序等，成为日常行为习惯教育的一面"镜子"，让学生在美好的、毫不拘束的气氛中受到教育和影响。节目运用学生周围的人和事作为活生生的教材，用"镜头说话"摒弃了"不应该怎样"的生硬说教，弘扬"我该这样做"的自觉行为，让教育实现科学走近"学生"。"听说很好看"以至理名言的英文短句表达为主要内容，如坚持不懈、以诚相待等。通过塑造卡通人物的主持形象，创设情境激发学生兴趣。"你该怎么办"是安全自护类的板块，通过火灾、地震、动物咬伤等离队员很近的危险状况的演示，教会学生们遇到突发情况应该如何冷静地进行救助和自我保护，用案例再现、方法指导的小片生动地展示给孩子们。

"走进奥妙屋"是科学知识类栏目，深受学生喜爱。电视台对学生喜爱的科学知识光盘内容进行筛选剪辑，保留适合中国孩子的内容，对于西方一些可能不被认同和理解的内容进行编辑，为孩子们奉献有趣的科学节目。为了找到学生喜欢的节目资源，老师们可以说用心良苦，他们精心挑选，网上下载不到的，就不顾舟车劳顿到处跑音像店和书店搜罗相关节目光盘。“你拍一我拍一”是个人才艺展示的平台，给学生搭建了展示自我的平台，在全校学生当中征集个人才艺视频，由学校电视台进行精编和艺术处理之后再展示出来，从而调动了学生们的积极性。

在“专题性内容”类栏目的设置思考时，学校电教组老师专门针对学校特色活动、团队建设以及重大节日进行记录，制作成专题片。通过丰富的表现手法和长时间的深入了解及拍摄记录，最终编辑成片后为队员再现校园生活，从而达到教育目的。从“长征精神”主题教育活动到学生小课题活动的开展，从艺术社团的培训及赛事到运动会上的风采展示，电视台以学校活动为抓手，不放过每一个教育契机，通过记录和拍摄重现活动过程，挖掘教育精髓，用视听的方式入情入境、融情融理的再现学校各方面工作，从而达到育人目的。在“专题性”栏目的内容设置上，影视剪辑是学生们喜闻乐见的。老师们挖空心思，结合相关的纪念日和教育重点，全面搜集富有教育意义内容的，同时兼顾充满童真童趣，符合时代节拍深受学生喜爱的影片进行剪辑，并增加剧情解说，浓缩原电影长度，在有限的时间内给队员完整的影片内容，从而达到教育意义。例如，《离开雷锋的日子》《钱学森》等，原本长达一个半小时以上的影片，通过电教组老师的“神剪手”，浓缩成了不到三十分钟的精华版，往往一部影片剪辑再剪辑多达三四次，老师们在保证时长的

同时还要保证影片的经典情节和内容的连贯，短短三十分钟的背后容纳了几个小时的投入，让很多学生看完之后，大呼“过瘾”……电视台设置的多个栏目贴近学生生活，涵盖各个方面，生动具体、有针对性的视频画面，再配以电教老师和小播音员标准甜美的解说，带给同学们与众不同的视听冲击与

教育体验，如今已悄然成为海淀实验小学师生日常生活的一部分。

实践证明，红领巾电视台用最直观的视听方式开辟了又一条对少先队员进行有效教育的途径，对加强少先队员思想道德建设起到了积极的作用。节目开播后，很多学生对学校生活更加了解和关心了，都愿意参与到学校的各种活动中去。不少学生通过邮件的方式表达对电视台的喜爱与期待，急切地表达自己想参加电视台的活动，成为小记者、小主持人的愿望。同年，海淀实验小学电视台被评为北京市红领巾通讯社“十佳电视台”，电视台成为学校有力的宣传阵地。正如宣教中心马老师所说：

“红领巾电视台不仅是宣传的阵地，还是同学们挥洒童心的乐园，展示学生风采的舞台，陶冶学生情操的有效平台，更成了学校素质教育的窗口。我们坚信，在全校师生的共同努力下，我们的校园电视建设和综合利用将不断地向纵深方向发展，使之成为学生生活和学习的园地，为他们的成长搭建一个无比绚丽的平台。”

当前，为改变传统的基础教育，构建素质教育新思路，教育者必须着眼于受教育者及社会的长远发展。以面向全体学生，全面提高学生的综合素质为根本宗旨，使学生在学会做人、学会求知、学会做事、学会生活、学会创新等方面协调发展。海淀实验小学面对传统教育“三中心”（教师、课本、课堂）的局限和弊端，把目光投向现代教育技术，借助电视媒体来拓展教育空间，丰富教育资源，利用校园电视来开拓多样化的教育渠道，形成构建和拓宽实施素质教育模式的有效途径。正所谓“小荧屏，大天地”。海淀实验小学红领巾电视台，作为学校德育工作的重要窗口，放大了学生的体验过程，贴近了学生的生活，营造了“守真、从善、修美”的浓郁校园文化氛围。

让爱致远

教育如同一条长河，缓缓地流淌了几千年，岁月流逝，大浪淘沙，带走了无数浮华的沙石，却沉淀下了珍贵而永恒的金子——爱和责任。爱和责任让教育的世界变成了“美丽的伊甸园”，教育工作者在这片土地上精耕细作，让每一棵生命之树茁壮成长、枝繁叶茂。也正因为如此，他们的爱浸润到孩子们的内心，也让孩子们带着爱前行，从而展开了一段爱的美妙旅程。在爱星满天的澄净天空下，海淀实验小学将爱的触角伸向了校外，带着爱向着远方一路前行……

大果是昌平山区瓦窑小学的一名学生，回忆起自己与海淀实验小学小伙伴的那一段友谊，他至今都难以忘怀。那是在2010年的一天，海淀实验小学带领着舞蹈团的孩子们来到地处昌平山区的瓦窑小学进行表演交流，让大山里的孩子们近距离感受舞蹈的魅力，感受爱的力量。虽然距离和瓦窑小学的互访活动已经有些日子了，但五年级的笑笑永远忘不了第一次和同学们来到瓦窑小学的情景，还有山里的小伙伴大果馈赠给自己的那一把酸甜的山杏。在那次互访交流活动中，笑笑

和同学们高兴地背着书包坐上了去瓦窑小学的班车，书包里装满了要送给瓦窑小学同学们的书籍和文具。第一次去山村小学，笑笑心里充满了激动和欣喜："不知道那里的小朋友会不会欢迎我们呀？我准备的礼物，他们会喜欢吗？"带着满脑袋的疑问，笑笑和同学们到达了目的地。但是，当走进瓦窑小学的那一刻，笑笑傻眼了，这个小学和他之前所想象的完全不一样，操场上尘土飞扬，教室都是矮矮的平房，所搭建的舞台也是土台子，如果不是这次走进来，他压根儿想不到这样的地方会是一所学校，像我一样的城里的孩子在这样的环境可怎么学习啊！

正在心里犯嘀咕时，一个皮肤黑黑、浓眉大眼的同学走到笑笑跟前说道："你好，同学们都叫我大果，你也可以这样叫我。欢迎你们来我们学校，你有什么问题，问我就行。要不我先带你在学校里转转吧。"大果冲笑笑呵呵一笑，露出一排白白的牙齿。

说完，大果就拉着笑笑的手和其他小伙伴们一起走进了教室。"这里的小朋友们真热情，大果真好。"笑笑望着大果朴实的侧脸，心里默默地感叹着。

转了一圈后，瓦窑小学孩子们的生活更让笑笑感到吃惊：我们学校有五层楼的体育馆，游泳、羽毛球、篮球、乒乓球场所一应俱全，有宽敞的舞蹈厅、合唱大厅、管乐大厅，而瓦窑小学，只有一个四面透风的音乐教室和一架使用多年的钢琴；我们学校各种社团都有，舞蹈、合唱、管乐、国际象棋、篮球、乒乓球、田径、武术、健美操等，常年有外聘专家来辅导，而瓦窑小学连一个专职的音乐老师都没有。原来，山区同龄的小伙伴们竟过着一种和我们有这么大差别的生活啊！

快乐的时光总是短暂的，通过短短半天的演出交流，笑笑感受到了大山里孩子们的热情与淳朴，内心里也暗暗下定决心：“我们在优越的城里生活，一定要好好学习，做一个对社会有用的人。”当坐上回城的班车时，他是多么舍不得这里的青山绿水还有可爱的小伙伴啊！可是大果去哪儿了呢？笑笑一双亮亮的眼睛，在人群里找来找去，却看不到大果的踪影。眼看着班车就要开动了，笑笑急得像热锅上的蚂蚁：“大果怎么还没来？我还没跟他好好告别呢。”“笑笑，笑笑！”听到熟悉的呼唤，笑笑从车窗里望去，是大果！只见大果气喘吁吁地跑上班车，手里捧着一把橙黄的山杏。“没什么别的东

西给你，这些杏儿你带回去吃吧。”还没等笑笑反应过来，大果已经转身跳下了班车。没有多余的言语，笑笑却完全明白了大果心中的情谊和不舍。班车开动了，笑笑尝了一颗手中的山杏，脆脆的清甜中带着一丝酸涩，就像他们醇美的友谊中带着一丝离别的酸楚。笑笑知道，这是大果最好的，也是他唯一能送给自己的礼物。在这个大山里，肯定没有城里的“冰激凌”，大果只能够用山里的杏儿来表达自己的感情。“大果，再见！我会回来看你的！你也记得去找我！”笑笑将头探出车窗，用含泪的声音向还在远处默默伫立的小伙伴挥手告别。

“一双小手沾满泥巴，在裤子上擦了又擦，默默地转过身捧出青涩的山杏一把。它的味道酸甜苦辣，是你我友谊的回答；它的样子朴实无华，是你我心中的牵挂。那片天空和草地，无忧无虑的我和你。那里的教室和操场，杏树下青涩回忆……”一把山杏，酸中带甜，甜中带暖，暖中带爱，它是孩子们超越距离的淳朴、率真友谊的见证；它也是海淀实验小学和瓦窑小学这两所“友谊校”在教育的丰腴土地上结出的硕果。

城区和山区学校结缘，还源于2005年，北京市为提升农村教育水平，促进基础教育均衡发展，实施了“十百千万工程”。作为海淀区优质学校代表之一的海淀实验小学，有幸成为其中一员，2009年正式与地处昌平区深山的瓦窑小学结对。七年来，海淀实验小学坚持派教师进瓦窑小学支教，不仅给学校送去各种图书，教学、办公、学习用品，给学校送去新的教学理念和教学方法；两所小学还通过互访等多种形式，开展各种手拉手活动，让两所学校的孩子们在交流融合中互相浸润、互相影响、共同成长，两校之间由此建立起了深厚的友谊，为帮扶教育活动增添了一抹亮色。

“一花独放不是春，百花齐放春满园。”实验人所流露出来的爱是兼济天下的大爱，引领孩子们带着爱向着更远的方向前行：和海淀区永泰小学开展艺术教育的帮扶活动，大力提升他们的艺术教育水准；与内蒙古自治区鄂尔多斯市东胜区东方实验小学建立手拉手关系，共同促进科技教育、艺术教育水平的提升；科学学科带头人走出国门前往英法两国参加交流活动，精彩充实的课堂赢得了英国教师的一致好评；带领孩子追寻总书记的足迹，到大凉山感受长征路上的艰辛，还邀请大凉山深处的孩子来到北京参观体验；融入京津冀一体化发展战略，让优质教育资源得到有效辐射……真正的教育是用一个灵魂去唤醒另一个灵魂，海淀实验小学就是用爱营造一汪洗礼灵魂的深潭，以爱育爱，带着这份赤诚的爱走向更远的地方！

第三章

续写爱的传奇

有爱才有一切。以“爱满天下”为座右铭的陶行知；“痴心不改圆南梦，兰畹清风欲何求”的魏书生；用爱谱写生命赞歌的殷雪梅、孟二冬；36年如一日跪在讲台上讲课的贵州乡村残疾教师陆永康……以及千百万无私奉献、默默耕耘的教育者们，他们无一不是在用“爱”培植教书育人的希望。

赵璐玫带领着爱的教育团队，让爱成了海淀实验小学的气质、底蕴，用爱成就着学生们的精彩未来，续写着爱的传奇……

/一/ 有爱才有未来

在海淀实验小学，时时处处上演着关于“爱”的故事。风雨沧桑半世纪，励精图治五十年。几代实验人矢志不渝忘我坚守、锲而不舍、执着追求，用爱诠释着“守真、从善、修美”的教育理念，向着办好人民满意的优质学校的目标稳健前行。50 周年校庆之际，学校以原创音乐剧的形式将这份大爱做了进一步的凝练和升华。

这里是实验

这里是实验。作为一所现代化优质学校，海淀实验小学紧随时代发展潮流，在探索现代化的、适合学生发展需要的素质教育过程中，逐渐形成了清晰的教育价值观，让每一名走进海淀实验小学的学生都能够获得最适合的发展和成长。

2015 年 10 月 26 日，中央电视台《新闻联播》播出了这样一则新闻：北京市加大投入，鼓励高等院校、专业艺术团体参与中小学特色美育发展，推进中小学素质教育。这几天，由北京市海淀区实验小学原创的音乐剧《这里是实验》正在中国剧院上演。剧中的所有演员虽然都是本校的师生，但是演出的水准堪比专业的艺术团体……报道中，赵璐玫讲道："在这个（排练）过程中，学生们不仅得到了锻炼，而且他们的意志品质、艺术修养甚至各方面素质都得到了提高。"这台备受关注的音乐剧集歌、舞、对白、情景于一身，以师生的校园生活为原型，从毕业生回访母校，寻找当年慈爱可敬的班主任为线索展开剧情，体现了学子对母校、老师的眷恋与感恩。

"人之初，性本善。性相近，习相远……"伴随着琅琅书声，音乐剧主人公——海淀实验小学毕业学子大成登场，望着曾经培育自己的母校，大成陷入了沉思与回忆：这里是实验，这里是我梦想开始的地方……

"沙沙响，沙沙响，春雨洒在房檐上……"那是一年级的学生正在上语文课，生动形象的生字解读，朗朗上口的音律格调，将热爱自然、热爱生活的人生道理蕴含其中，化作一曲《春天的歌谣》，让春天永驻学生的欢声笑语中。年轻的汪老师看着这些活泼灵动的学生，深情地唱起"一笔又一画，铅笔在说话，左一撇右一捺，人生才出发，拼音和笔画，世界手中拿，写汉

字学做人，转眼就长大”。在“字理讲解”的歌声中，我们不仅看到了汪老师对学生们的爱，更领悟到以字育人的道理。忽然，一声“他尿裤子了！！！”学生们骚动起来。镜头投向了正在上小学一年级的大成。随之，课堂上的小尴尬在汪老师的关怀与鼓励中化解，正如大成在画外音中所说的："这是我第一天入学的第一堂课。我永远忘不了……汪老师在我们心里就像妈妈一样，永远美丽。”在海淀实验小学这个大家庭里，有无数个美丽的汪老师，他们把学生当作自己的孩子，就像音乐剧中所唱到的“把你的成长给我，把你的梦想给我，学生啊请你相信我，相信我”。海淀实验小学的老师，就是学生们最坚强的依靠！

“想当军人需要有多高？”“想当医生需要有多高？”“想当画家需要有多高？”数学课上，学生们量完叶子和楼梯，开始丈量梦想。老师在传授知识的同时细心呵护着学生的心灵与成长，告诉他们发展的方向："军人要有宽广的胸襟，医生需要无私的爱心，画家需要发现美丽的眼睛。”充满趣味的生动引导代替了枯燥冰冷的说教，学习的兴趣由此激发，学习的热情更加高涨，就像音乐剧中所唱到的“开动脑筋想问题，困难也会变容易”。

数学课后，一场别样的语言文化盛宴开始了——“hello，hello……”汪老师和大成以时空对话的方式唱起《上课歌》，语言搭建起不同文化间沟通的桥梁。英语课上，老师通过《英语课——四季大不同》带领学生领略四季不同的风景，海纳百川的气度源于纯净的心灵对外界的好奇，淡定从容的姿态得益于对大千世界各美其美的欣赏。海淀实验小学的课堂在将知识传递给学生的同时，也将美好的情感品质涵养于学生心中。

重返母校，大成也看到海淀实验小学课堂发生的各种可喜变化——音乐剧中别具匠心的一场“捉蜻蜓”游戏中，三个学生轻手轻脚来到大成身边，其中一个学生对另外两位说道：“发现可疑目标，徘徊在二层最西头男厕所门

口，自言自语、手舞足蹈，目测患有多重人格精神分裂，加重度抑郁症，不排除自虐和伤害他人的可能性！”“哈哈哈，终于被我等到了！实施A计划！”学生们从两侧包抄，拿着蜻蜓网“逮到”了大成。随着他们的对话，误会消除，学校“三金帆”、丰富的课外活动、家长的认可、社会的盛赞等相关情况也在对话中一一呈现出来。

在学生们你一言我一语的讲述中，学校的小课题研究生动展现："为什么天上会下雨？为什么手机那么有吸引力？天上的星星到底有几颗？……"欢快的韵律、活泼的舞姿，眼花缭乱的大成不禁感叹道："小课题真的很有趣，让我重新回到课堂做游戏！"这一幕，呈现出海淀实验小学学生在老师的引导下参与小课题研究的场景，学生们结合年龄认知特点、发挥奇思妙想，认识世界、探求新知，增长学识、获得发展。这时，一个男生说道："我研究的小课题是'星际旅行'，在我们的宇宙中，有数不清的星系……"随着男生的话音，舞蹈《星际同梦》带领大家走近奇幻的太空……每一节课都可以是色彩斑斓的画卷，在美德养成的底色上涂抹绚丽的知识色彩，多彩的课堂成就学生的多彩人生。这就是原创音乐剧《这里是实验》第一幕《我们的课堂》带给观众不一样的故事与不一样的感动！

第二幕《我们的操场》，在灯光中缓缓开启，重返母校的大成坐在那熟悉的操场上，回忆起曾经挥洒汗水的场景——“操场，是男学生们最向往的地方，因为在这里我们可以尽情地追逐、打闹，尽情地挥洒汗水。操场，更是我经常犯错误的地方，记不清那时的我踢球踢碎了多少块玻璃，给汪老师添了多少麻烦。操场，更是我们几个好朋友欢聚的地方……我们曾经的梦想仍然埋在这片土地之下”。伴随着大成的画外音，学生们唱起原创歌曲《梦想的种子》：“一个8岁的男孩摔了一跤，因为彻夜练习他磨破了脚……”足球队学生奋力拼搏的场景在舞台上呈现。随后，伴随着铿锵有力的《我们是共产主义接

班人》，大成回忆起加入中国少年先锋队的情景："也是在这片操场，也是这么温柔的阳光，我永远忘不了汪老师亲手为我戴上的那条鲜艳的红领巾。从那刻起，我觉得自己的肩上多了一份神圣的使命，也正是从那一天起，'共产主义接班人'这个神圣的称呼由陌生逐渐变得熟悉，直到深深地扎根在心底。"

《这里是实验》，我们看到海淀实验小学课内、课外不一样的感动。紧接着，一曲《一把山杏》带大家走进了海淀实验小学学生和瓦窑小学联谊时的场景。一把山杏，跨越时空界限，承载着真挚、浓烈的生生情、师生情，感人至深。随后，是反映学校放学情景的一幕——放学时，大雨突降，一时间观众的心都揪紧了。"同学们，不要害怕，一定要紧跟自己的班主任，今天有中到大雨，一会儿家长们进来了，请各班班主任一定要看好自己班的学生，不要慌乱！现在，请所有老师打开彩虹伞！"随着汪老师镇静的声音，一把把彩虹伞撑开，庇护着每一个学生。临危不乱是老师们对职责的坚守，是学校组织管理的细致入微。

在题为《我们的走廊》的音乐剧第三幕中，无论是操场上，还是友谊校中，无论是活动里，还是放学时，海淀实验小学以趣意盎然的生活唤醒生命的活力，让学生们接受着美的熏陶与教育。

“一张张奖状、一面面荣誉墙、一个个梦想乘着金帆去远航，稻草人在舞蹈，百灵鸟在歌唱，我们的走廊声声号响……”当《走廊上的画》的旋律慢慢响起，大成想起了学校的走廊，走廊是那样长，那样高，那样远。走廊墙壁上的每一幅画、每一段励志名言，传承着中华文化，讲述着身边的故事……那一条长廊，承载了学生们无数的记忆，他们用童声吟诵优美诗篇，以虚心承教先贤古训。温暖明亮的走廊上，一张张奖状、一面面荣誉墙，都是学生们的骄傲。在这里迈出的每一小步，都是人生旅程中的一大步。

这时，大成与汪老师不期而遇，师生温情相拥，看到汪老师的白发，大成心疼地说道："汪老师，您有白头发了。”“是啊，我老了。”“不，老师，您不老！老师……不老……”“有一个名字在这里萦绕，有一个念头在心上燃烧，我想回到老师的身旁，轻轻地问一声您好……天可以老，地可以老，我心中的老师不会老。”大成的每一句歌唱都表达了学生对老师的感恩与祝福。

音乐剧第四幕《我们的实验》，以全新的演绎展示出学校的办学成果，表达了师生间的真挚情意。“有白发有皱纹没了青春，回头看一看全给了学生们……”虽然皱纹爬上了额头，岁月染白了鬓角，但是老师们仍然驻守在那一方三尺讲台，为学生的发展尽心尽力。这些，源自于老师们以校为家、爱生如子的情怀。“从哪里，开始追寻，到哪里，回忆青春……我们是世上最幸福的人”这支值得骄傲的教师团队深情唱起原创歌曲《青春我们》。舞台上的他们，身着或粉红，或浅黄色的旗袍，用婉转、真挚的清歌，传递出强劲的力量。这次音乐剧排演也给予了老师们贴近艺术的机会，他们在歌中徜徉，在歌中学习，在歌中接受美的感染与熏陶。追寻青春的过程，也是一次心与心的对话、情与情的交融、爱与爱的碰撞。海淀实验小学的老师牵着学生的手一步步迈上人生的阶梯，向着梦想之巅前进。

最后，熟悉的旋律再次唱响："一群好少年，走近西三环；一双双小手，开始绣明天；多么阳光，多么灿烂。我们的名字叫实验……"这就是海淀实验小学的校歌《我们的名字叫实验》。在这首歌中，唱出了莘莘学子对母校的爱恋，也唱出了老师们对学校的深情厚谊。因为他们有一个共同的名字——实验！伴着深情的演唱，学校的保安员、保洁员、老师代表、后勤人员、行政干部，以及学校的掌舵人——赵璐玫校长和马春亚书记，带着感动、带着微笑，依次走到舞台中央。此时此刻，全场观众经久不息的掌声就是对海淀实验小学工作的最高赞誉！

海淀实验小学的五十年校庆，没有苛求场面的"大"，而是把目光聚焦于师生的"小"。以师生为原型，既反映真实、温馨的校园生活，记录令人难忘的人和事，更展现实验学子对母校、老师的眷恋与感恩，对实验精神的认同与传承。参演的师生在不影响工作和学习的基础上，充分利用课余时间进行排练，期间没有一声怨言，从毫无经验的新手到上台展现出沉稳自然的台风，他们付出了许多心血与努力。赵璐玫说道："非常可喜的是，老师们把握住校庆教育契机，在课堂上、在异彩纷呈的活动中，让爱校教育更加鲜活而丰盈，亲密真诚的师生关系获得进一步提升，精益求精的实验作风也再次得到有力的印证。”

音乐剧之外，学校还全面启动了“校庆年”系列活动，引领全校师生以“爱校、兴校、荣校”的主人翁精神参与其中——教育论坛中，师生围绕立德树人的主题，阐述、交流教育工作经验，并与教育学者、专家进行教师队伍专业化建设方面的研讨；教学论坛中，师生展示“微课”及“小课题”研究的实践成果，总结治学、治教的经验方法；原创视觉艺术展，学生们开阔思路，亲手制作形式多样、特色鲜明，且满含着深情厚意的艺术作品表达爱校之情；校庆纪念画册中，记录着学校跨越式发展的前行足迹，呈现出实验人在教育改革的蓝天碧海，乘风破浪、扬帆远航的风采；校庆教育专刊中，师生、家长将对学校的深挚感情诉诸文字，真实记录下学习、成长的宝贵印记……这里是实验，感人至深的校史、镌刻在记忆中的故事、心血铸就的荣誉、催人奋进的未来，这一切孕育了《这里是实验》的精彩绽放。

“路漫漫其修远兮，吾将上下而求索。”这次校庆音乐剧的成功演出，是对海淀实验小学五十年发展的检阅，是对过去五十年的回顾和总结，也是对未来发展的展望。

我国教育发展至今天，教育内容、教育形式、教育手段和教育理念都发生了巨大的变化，我们正走在21世纪信息化、开放化的序列里。教育的位置在哪里？教育的身份是什么？教育的作用如何发挥？这一切都面临着前所未有的挑战和新的确认。然而，无论社会潮流如何湍鸣浪响，育人培德这个教育之根是不能动摇的，以人为本、科教兴国是一脉相承的。特别是在建设具有中国特色的社会主义道路的进程中，需要旗帜鲜明地坚持用社会主义核心价值观来指导我们的教育大业，以教师为本、以道德为范、以先进科学文化为依托，承担国家未来的责任与使命。海淀实验人站在新的起点上，在“守真、从善、修美”校训的指引下，秉承着“我代表实验，我就是实验”的主人翁精神继续前行，共同续写爱的传奇。

延伸阅读

办好一所实验小学的深刻内涵

教育部原副部长　刘利民

自我国改革开放以来，全国各地各类学校吹起了教育改革的“实验”之风，并逐步成为办好一所学校的标志。沐浴着改革的曙光，北京市海淀区实验小学自成立以来，就一直走在教育改革和发展的前沿，并随着素质教育的提出，20世纪90年代初，毅然扛起素质教育实验大旗，行走在教育改革和发展的康庄大道上。实验小学是如何办好一所“实验”小学的呢？他们高度把握了素质教育的深刻内涵，并进行了有益的探索与实践。

一是坚持立德树人，塑造学生健全人格。学校、教师、家长不能只是关心注重学生的智力发展，还应注重培养学生的情感、信心、意志，不能只要求学生学习成绩好、考试分数高，还应该注重学生德智体美劳全面发展。一直以来，海淀实验小学全面实施素质教育，坚持育人为本，德育为先，能力为重，全面发展，以良好的教育氛围，对学生进行潜移默化的熏陶，使其品德、个性、精神风貌得以提升。多年来，他们以爱国主义教育、革命传统教育、文明礼仪教育、心理健康教育、习惯养成教育为抓手，开展系列主题教育活动和富有创造性的班队活动，全面提升学生道德品质，塑造健康完美人格。

二是坚持以人为本，尊重学生成长规律。学生的成长是分阶段、有规律的，学校、教师、家长应正确掌握学生的认知特点和心理发展规律，适时、适度、适量施加教育，不能拔苗助长，更不能以不让学生输在起跑线上为由做违背学生成长规律的事情。所以，海淀实验小学五十年来，一直以办好人民满意教育为己任，以尊重教育科学自身的发展规律和师生的身心成长规律，使学生在一种接近自然、最自由的状态下学习、成长，彰显童真兼具童趣，真正实现小学教育本真的回归。

三是坚持因材施教，全面发展与个性发展相统一。全面发展就是让学生打好基础，全面发展不排斥个性发展，科学发展质量观不是一刀切，每个学生有不同的爱好，学校要为学生搭建多姿多彩的平台，为每个学生提供适合的教育，因材施教，人人成长，人人成才。令人欣喜的是，海淀实验小学地处教育大区、强区，但一直坚守自我的真性情，关注每名学生的发展需要，尽最大努力做到因材施教，让每个学生绽放童真般的笑脸。学校把每年开展的读书节、艺术节、科技节和体育节等活动作为评价学生综合发展的平台，让学生在一系列活动和课程中发展个性，获得符合个性发展需要的“营养”。这也符合当前教育深化改革的具体要求，让每个学生都得到快乐成长。

四是坚持校内教育与社会实践相结合，培养学生的社会责任感。学生的学习不应只局限在校内小课堂，要科学合理地安排他们到社会大课堂中去学习、锻炼、成长，使学校教育和社会实践有机衔接，把书本、课堂内学习的知识应用到社会生活和实践中，从而促进学生实践能力和创新能力的培养和提高。实验小学开展的“长征接力有来人”主题教育活动，就是一个很好的印证。

办好一所“实验”小学，不仅仅要有引领教育实验的意识，更需要一种改革创新的胆识。但是改革也不能冒进，不是为了改革而改革，而是向改革要质量。改革不能靠一个模子走一个路子，而是要结合实际，因地制宜。改革不是一时的事儿，而是要零打碎敲，需要我们统筹考虑，整体部署。改革不是一蹴而就，需要现行试点，及时总结经验教训并加以推广。改革不是硬闯蛮干的事情，学校应加大协调引领力度。五十年来，海淀实验小学走出了一条很好的改革创新实验之路，希望在今后发展道路上，认真学习贯彻党的十八届三中全会精神，以更大勇气和智慧，汇聚各种正能量，感受教育改革的深水区，打响教育改革的攻坚战，提高教育质量，探索个性办学模式，彰显学校特色优势，满足人民群众对教育的多层次需求，办好人民满意的教育。

/二/ 在路上

光阴荏苒，薪火传承。五十余年的发展历程，是考验与磨炼，是成长与积淀。在海淀这片钟灵毓秀的沃土上，海淀实验小学以对教育事业的赤诚与虔敬，写下了一段兴学育才的传奇佳话，谱就了一曲立德树人的华彩乐章，树立起了首都教育品牌的良好形象。今天，凭借着深厚的办学底蕴、先进的办学理念、精良的师资力量、特色的育人文化，海淀实验小学在基础教育改革发展的时代浪潮中，以独特的风姿勇立潮头，并以高瞻远瞩的发展眼光，将内涵建设作为学校发展进步的引擎，在文化兴校之路上且思且行，将爱的教育事业演绎得更加深挚动人！

固本求实　锐意创新

创新是一个民族走向文明进步、一个国家实现兴旺发达的灵魂与动力，也是中华民族最深沉的禀赋。古往今来，人类的发展实践一次次地证明，唯创新者进，唯创新者强，唯创新者胜。在新形势下，一所学校要具有长远发展的核心竞争力和旺盛的生命力，创新是一条必由之路。五十余年来，海淀实验人彰往察来，镞砺括羽，改革创新，生动地阐释着“实验”二字所寄寓的勇于探索、积极实践、开放包容、锐意创新的精神实质，走出了一条富有生命力的创新教育之路。

赵璐玫认为，创新不是盲目冒进，而是要向创新要质量，着眼未来，创新的思维、发展的眼光是前提，立足校情，务实的举措、有效的推进是保障，这样才能保证本固源活、常新常变、高质高效。多年来，创新教育的实施使学校开创了生机勃勃、蒸蒸日上的发展局面，形成了鲜明的办学特色：学校以“长征精神”主题教育活动为主线，把德育工作的方方面面有机串联起来，将“长征精神”主题教育切入到养成教育、主题教育、革命传统教育、社会主义核心价值观教育等各个层面，从零敲碎打式的多方面用力，转变为系统联动的生态建构，使育人工作焕发了新的生机与活力；以“小课题”研究为切入点推进课程改革，形成了基础性与发展性相统一、科学精神与人文精神相统一；适应学生个性发展与潜能开发的“彩虹课程”体系，有力地提升了教师的教学水平和研究能力，同时也有效地提高了学生的创新精神与实践能力；充分发挥美育和体育在学生全面发展过程中的作用，在普及与特色共进的发展模式下，坚持由表及里、由内而外的价值追求，优质建设合唱、舞蹈、管乐三个金帆艺术团，积极发展校园足球项目，让美育和体育给予孩子终身发展所需的审美素养、创新精神、意志品质等隐性的精神财富。这些办学特色的形成既是学校纵向的成长绽放，又是横向的成果绽放，更是创新教育带来的活力绽放。

远致千里，功在不舍。一所优质学校的长足发展之路必定是一条用坚定信念和毅力、不懈进取和追求铺就的大道。在半个多世纪的坚守与创新下，海淀实验小学各项工作全面开花、硕果累累，近年来所获的荣誉及各种认可不胜枚举：

1. 中国好老师行动计划基地校
2. 中国青少年素质教育——成功计划优秀研究实践基地
3. 中国管乐发展突出贡献奖
4. 全国首批足球基地校

5. 北京市优秀基层党组织

6. 首都未成年人思想道德建设工作先进单位

7. 北京市教育科研先进校

8. 北京市学生金帆艺术团合唱团

9. 北京市学生金帆艺术团管乐团

10. 北京市学生金帆艺术团舞蹈团

11. 北京市青少年涉台教育基地

12. 北京市小黄帽路队制活动先进学校

13. 北京市星星火炬奖

14. 北京市“千优带队”争创工程标兵学校

15. 北京市“十佳红领巾电视台”

16. 北京市中小学文明校园

17. 海淀区三八红旗集体

18. 海淀区优秀党组织

19. 海淀区学习型先进党支部

20. 海淀区群众信服的好党组织

21. 海淀区宣传思想工作先进单位

22. 海淀区文明单位

23. 海淀区教育系统“青年文明号”

24. 海淀区小学校园环境先进校

25. 海淀区教育系统工会先进单位

26. 海淀区模范职工之家

27. 海淀区校外教育先进集体

28. 海淀区教育科研工作先进学校

29. 海淀区阳光体育明星学校

30. 海淀区交通安全工作先进单位

31. 海淀区中小学食堂管理先进学校

32. 海淀区平安建设示范校园

33. 海淀区示范资源教室

……

赵璐玫常说："我喜欢用'脚踏实地、仰望星空'这两个词来形容我们的心境。脚踏实地，让我们坚守住了学校的优良传统与闪光优势，坚实地走好立德树人事业的每一步；仰望星空，让我们追寻着教育的诗和远方，在创新中自强，在开拓中致远。"可以说，这样一种务实而诗意的教育情怀是海淀实验小学不断追求卓越的原动力，也是一代代实验人接力传承的文化因子，它流淌在学校的骨血中，润泽着每一颗坚守教育信仰的心，鼓舞着每一个奋力开拓进取的人。

"征程万里风正劲""关山初度路犹长"。时代在不断地发展变化，新形势下每一所学校都将面临更多的考验，如何在教育改革的时代浪潮中奋桨争流、勇立潮头，必然离不开创新，离不开敢于打破现状的勇气。创新教育之路既漫长艰辛又荣光载途，它需要学校树立引领教育发展的自觉意识、破立并举的可贵胆识、继往开来的使命担当，才能开辟出一番风景独好的教育新天地。在一段段荆棘与鲜花并存的征程中，海淀实验小学仍将不忘"实验者"的身份，不忘教育者的初心与情怀，持续增强创新精神和前瞻意识，在发展中牢牢把握创新教育的主动权，高举推进素质教育的大旗，进一步探索科学有效的集团化办学方略，积累全面统筹协调发展的经验，推动学校长远发展、优质发展、特色发展，让创新释放新的发展活力，展现新的教育魅力，引领学校实现变强、变优的奋斗目标，赢得这场创新教育时代改革的硬仗！

后　记

为了这份爱的事业

“草木蔓发，春山可望”，当2017年新年钟声敲响之际，拙作《爱星满天》终于完稿了。从当初接到任务，到完成这部书稿的写作，已经整整一年了。一年来，为了写好这本书，我一直在细细回顾和梳理这些年来自己在海淀实验小学的点滴收获，以及这几十年来我对教育的种种感悟。之所以把这本书定名为“爱星满天”，是因为有爱，便有了坚持，有了信仰，有了梦想，有了责任……我们全体实验教师对教育事业的爱如闪烁的星光，虽不耀眼夺目，却让教育的长空因为这满天繁星的点缀而变得如此美丽动人。这份爱让我提起学校、提到教育的时候，仿佛有说不完的话，在下笔的瞬间，如汩汩清泉，想要迫不及待地喷涌而出，希望这些从心灵深处流泻出来的文字，能够带您穿越美丽实验的流金岁月，聆听它一路风雨兼程的厚重足音，感受寸草春晖的无疆大爱。

为了这份爱的事业，我已在教育这方沃土上耕耘三十载。回望漫漫教育旅途，无论痛苦还是欢乐，都已经成为自己最宝贵的财富，为此，我要感谢我的学生，是他们激发了我空前高涨的教育热情，让我找到了人生的价值；我也要感谢我的领导和同事，是他们给予了我无限的力量和支持，让我坚定地走在这条追求真、弘扬善、创造美的花香四溢的道路上。海淀实验小学的校训是“守真、从善、修美”，这六个字虽然简单，却承载着我们实验人最真挚、最崇高的教育情怀。五十多年来，学校见证了一批批孩子从青青幼苗到蓓蕾初绽的成长历程，更见证了“真善美”的教育精神在岁月流变中的坚守与传承。诚如爱因斯坦所言：“照亮我的道路，并且不断地给我新的勇气去愉快地正视生活的理想，是善、美和真。”做真的追寻者、善的传播者、美的创造者，这个源远流长又被赋予时代内涵的新命题，将鞭策和激励每一位实验人在纷繁的世界中坚守教育净土的宁静与安然。

当前教育正在发生深刻变革，正在开始具有许多新的历史特点的伟大创举，面对这样的新形势，我们将一如既往审时度势，结合时代背景和学校实际，在坚守中创新，在实验中前进，真正办好一所“实验”小学，出色地完成中国梦、教育梦的历史接力。在电影《大唐玄奘》中有这样一句话：“一个人的影子无法铺满天地，但有些声音可以传得很远很远，绵延不绝，生生不息。”梦想之途仍漫漫，我们还在路上……

由于水平所限，本书还有很多不足之处，恳请同行不吝斧正。

赵璐玫

2017 年 1 月于北京